उलट-पुलट का रोज़नामचा

उलट-पुलट का रोज़नामचा

पतरस बुख़ारी

BOOKS
राजकमल प्रकाशन

BOOKS
राजकमल प्रकाशन

रेख़्ता बुक्स
बी-37, सेक्टर - 1, नोएडा
उत्तर प्रदेश - 201301

rekhtabooks@rekha.org
www.rekhtabooks.com
www.rajkamalprakashan.com

उलट-पुलट का रोज़नामचा
पतरस बुख़ारी

ISBN : 978-93-91080-24-2

प्रथम संस्करण : 2021
पुनर्मुद्रण : 2021

फ़ॉन्ट : योगेश यूनि
मुद्रक : थॉमसन प्रेस (इंडिया) लिमिटेड

आवरण एवं पुस्तक सज्जा
सुरेश पंवार, रेख़्ता

सहयोग राशि : ₹199

MIX
Paper
FSC FSC® C010615

फ़ेह्‌रिस्त

हास्य-लेख

हॉस्टल में पड़ना

हमने कॉलेज में ता'लीम तो ज़रूर पाई और रफ़्ता-रफ़्ता[1] बी.ए. भी पास कर लिया, लेकिन इस निस्फ़ सदी[2] के दौरान जो कॉलेज में गुज़ारनी पड़ी, हॉस्टल में दाख़िल होने की इजाज़त हमें सिर्फ़ एक ही दफ़'अ[3] मिली।

ख़ुदा का ये फ़ज़्ल[4] हम पर कब और किस तरह हुआ, ये सवाल एक दास्तान[5] का मोहताज[6] है।

जब हमने एन्ट्रेन्स पास किया तो मक़ामी[7] स्कूल के हेड मास्टर साहब ख़ास तौर से मुबारकबाद देने के लिए आए। क़रीबी रिश्तेदारों ने दा'वतें दीं। मोहल्ले वालों में मिठाई बाँटी गई और हमारे घर वालों पर यक्लख़्त[8] इस बात का इन्किशाफ़[9] हुआ कि वो लड़का जिसे आज तक अपनी कोताह बीनी[10] की वज्ह से एक बेकार और नाल फ़रज़न्द[11] समझ रहे थे। दर-अस्ल ला महदूद क़ाबिलियतों[12] का मालिक है, जिसकी नश्व-ओ-नुमा[13] पर बे-शुमार[14] आने वाली नस्लों[15] की बहबूदी[16] का इन्हिसार है। चुनान्चे हमारी आइन्दा ज़िन्दगी के मुतअ'ल्लिक़ तरह-तरह की तज्वीज़ों[17] पर ग़ौर किया जाने लगा।

थर्ड डिवीज़न में पास होने की वज्ह से यूनिवर्सिटी ने हम को वज़ीफ़ा देना मुनासिब न समझा। चूँकि हमारे ख़ानदान ने ख़ुदा के फज़्ल से आज तक कभी किसी के सामने हाथ नहीं फैलाया इसलिए वज़ीफ़े का न मिलना भी ख़ुसूसन उन रिश्तेदारों के लिए जो रिश्ते के

---

1 धीरे-धीरे 2 आधी सदी 3 बार 4 कृपा 5 कहानी 6 जरूरतमन्द 6 गाँव के स्कूल 8 अचानक 9 प्रकट होना 10 अदूरदर्शिता 11 बेटा 12 सामर्थ्य 13 परवरिश करना 14 अनगिनत 15 ख़ानदानों 16 कामयाबी 17 उपायों

लिहाज़ से ख़ानदान के मज़ाफ़ात[1] में बसते थे, फ़ख़्र-ओ-मबाहिस[2] का बाइ'स बन गया और "मरकज़ी रिश्ते-दारों" ने तो इसको पास-ए-वज़्अ[3] और हिफ़्ज़-ए-मरातिब[4] समझ कर मुमतहिनों[5] की शराफ़त-ओ-नजात को बे-इन्तिहा सराहा। बहर-हाल हमारे ख़ानदान में फ़ालतू रूपए की बोहतात[6] थी, इसलिए बिला-तकल्लुफ़[7] ये फ़ैसला कर लिया गया कि न सिर्फ़ हमारी बल्कि मुल्क-ओ-क़ौम और शायद बनी-नौअ'-ए-इन्सान[8] की बेहतरी के लिए ये ज़रूरी है कि ऐसे होनहार तालिब-ए-इ'ल्म की ता'लीम जारी रक्खी जाए।

इस बारे में हमसे भी मश्वरा लिया गया। उ'म्र भर में इससे पहले हमारे किसी मा'मले में हमसे राय तलब न की गई थी, लेकिन अब तो हालात बहुत मुख़्तलिफ थे। अब तो एक ग़ैर-जानिबदार[9] और ईमानदार मुसन्निफ़[10] या'नी यूनिवर्सिटी हमारी बे-दार मग़ज़ी की तस्दीक़[11] कर चुकी थी। अब भला हमें क्यों नज़र-अन्दाज़ किया जा सकता था। हमारा मश्वरा ये था कि फ़ौरन विलायत भेज दिया जाए। हमने मुख़्तलिफ़ लीडरों की तक़रीरों के हवाले से ये साबित किया कि हिन्दुस्तान का तरीक़-ए-ता'लीम बहुत नाक़िस[12] है। अख़बारात में से इश्तिहार दिखा दिखा कर ये वाज़ेह किया कि विलायत में कॉलेज की ता'लीम के साथ साथ फ़ुर्सत के औक़ात में बहुत थोड़ी थोड़ी फ़ीस दे कर ब-यक-वक़्त जर्नलिज़म, फ़ोटोग्राफ़ी, तस्नीफ़-ओ-तालीफ़[13], दनदान-साज़ी[14], ऐनक साज़ी, एजेंटों का काम, ग़रज़ ये कि बे-शुमार मुफ़ीद और कम ख़र्च में बाला-नशीं पेशे सीखे जा सकते हैं और थोड़े अ'र्से के अन्दर इन्सान हर-फ़न मौला बन सकता है।

लेकिन हमारी तज्वीज़[15] को फ़ौरन रद कर दिया गया, क्योंकि

---

1 चारों ओर 2 गर्व और चर्चा 3 तरीक़े का लिहाज 4 पद या गरिमा लिहाज़ 5 परीक्षक 6 अधिकता 7 बिना औपचारिकता के 8 मानव जाति 9 निष्पक्ष 10 लेखक 11 सत्यापन 12 त्रुटिपूर्ण 13 सृजन कार्य 14 दंत चिकित्सा 15 सलाह, प्रस्ताव

विलायत भेजने के लिए हमारे शह्र में कोई रिवायात मौजूद न थीं। हमारे गिर्द-ओ-नवाह[1] में से किसी का लड़का अभी तक विलायत न गया था इस लिए हमारे शह्र की पब्लिक वहाँ के हालात से क़त्अ'न नावाक़िफ[2] थी।

इसके बाद फिर हम से राय तलब न की गई और हमारे वालिद, हेड-मास्टर साहब, तहसीलदार साहब इन तीनों ने मिल कर ये फ़ैसला किया कि हमें लाहौर भेज दिया जाए।

जब हमने यह ख़बर सुनी तो शुरू'-शुरू' में हमें सख़्त मायूसी हुई, लेकिन इधर-उधर के लोगों से लाहौर के हालात सुने तो मा'लूम हुआ कि लंदन और लाहौर में चन्दाँ फ़र्क़ नहीं। बा'ज़ वाक़िफकार[3] दोस्तों ने सिनेमा के हालात पर रौशनी डाली। बा'ज़ ने थिएटरों के मक़ासिद से आगाह[4] किया। बा'ज़ ने ठंडी सड़क के मशाग़िल[5] को सुलझा कर समझाया। बा'ज़ ने शाहिद-रे और शालामार की अरमान अन्गेज़ फ़ज़ा का नक़्शा खींचा चुनान्चे जब लाहौर का जुग़राफ़िया पूरी तरह हमारे ज़ेह्न-नशीन हो गया तो साबित ये हुआ कि ख़ुश-गवार मक़ाम है और आ'ला दर्जे की ता'लीम हासिल करने के लिए बेहद मौज़ूँ। इस पर हमने अपनी ज़िन्दगी का प्रोग्राम वज़्अ' करना शुरू कर दिया। जिसमें लिखने पढ़ने को जगह तो ज़रूर दी गई लेकिन एक मुनासिब हद तक, ताकि तबीअ'त पर कोई ना-जाइज़ बोझ न पड़े और फ़ित्रत अपना काम हुस्न-ओ-ख़ूबी के साथ कर सके।

लेकिन तहसीलदार साहब और हेड-मास्टर साहब की नेक नियती यहीं तक महदूद[6] न रही। अगर वो सिर्फ़ एक आ'म और मुहमल[7] सा मश्वरा दे देते कि लड़के को लाहौर भेज दिया जाए तो बहुत ख़ूब

---

1 चारों तरफ़ 2 नासमझ 3 जानकार 4 ख़बरदार 5 कार्य 6 सीमित 7 बेकार

था, लेकिन उन्होंने तो तफ़्सीलात[1] में दख़्ल देना शुरू' कर दिया और हॉस्टल की ज़िन्दगी और घर की ज़िन्दगी का मुक़ाबला कर के हमारे वालिद पर ये साबित कर दिया कि घर पाकीज़गी और तहारत[2] का एक का'बा और हॉस्टल गुनाह-ओ-मासियत[3] का एक दोज़ख़ है। एक तो थे वो चर्ब ज़बान[4], उसपर उन्होंने बे-शुमार ग़लत बयानियों से काम लिया चुनान्चे घर वालों को यक़ीन सा हो गया कि कॉलेज का हॉस्टल जराइम पेशा अक़्वाम[5] की एक बस्ती है और जो तल्बा बाहर के शह् रों से लाहौर जाते हैं अगर उनकी पूरी निगहदाश्त[6] न की जाए तो वह अक्सर या तो शराब के नशे में चूर सड़क के किनारे गिरे हुए पाए जाते हैं या किसी जुएख़ाने में हज़ार हा रुपए हार कर ख़ुदकुशी कर लेते हैं या फिर फ़र्स्ट-इयर का इम्तिहान पास करने से पहले दस बारह शादियाँ कर बैठते हैं।

चुनान्चे घर वालों को ये सोचने की आ'दत पड़ गई कि लड़के को कॉलेज में तो दाख़िल कराया जाए लेकिन हॉस्टल में न रखा जाए। कॉलेज ज़रूर, मगर हॉस्टल में हरगिज़ नहीं। कॉलेज मुफ़ीद, मगर हॉस्टल मुज़िर[7]। वो बहुत ठीक, मगर ये नामुमकिन। जब उन्होंने अपनी ज़िन्दगी का नसब-उल-ऐ'न[8] ही बना लिया कि कोई ऐसी तर्कीब ही सोची जाए, जिससे लड़का हॉस्टल की ज़द से महफ़ूज़ रहे तो कोई ऐसी तर्कीब का सूझ जाना क्या मुश्किल था। ज़रूरत ईजाद[9] की माँ है। चुनान्चे अज़ हद ग़ौर-ओ-ख़ौज़ के बा'द लाहौर में हमारे एक मामूँ दरयाफ़्त किए गए और उनको हमारा सर-परस्त बना दिया गया। मेरे दिल में उनकी इ'ज़्ज़त पैदा करने के लिए बहुत से शजरों[10] की वरक़ गरदानी[11] से मुझ पर ये साबित किया गया कि वो वाक़ई मेरे मामूँ हैं। मुझे बताया गया कि वो कि जब मैं शीरख़्वार[12] बच्चा था तो मुझसे

---

1 विवरण 2 पवित्रता 3 गुनाह 4 चापलूस 5 बिरादरियाँ 6 संरक्षण 7 हानिकर 8 उद्देश 9 अस्तित्व 10 वृक्ष 11 पुस्तक पढ़ना 12 दूध पीता बच्चा

बे-इन्तिहा मुहब्बत किया करते थे, चुनान्चे फ़ैसला ये हुआ कि हम पढ़ें कॉलेज में और रहें मामूँ के घर।

उससे तफ़्सील-ए-इ'ल्म का जो एक वलवला सा हमारे दिल में उठ रहा था, वो कुछ बैठ सा गया। हमने सोचा ये मामूँ लोग अपनी सर-परस्ती के ज़अ'म[1] में वालिदैन[2] से भी ज़ियादा एहतियात बरतेंगें, जिसका नतीजा ये होगा कि हमारे दिमाग़ी और रूहानी क़वा को फलने फूलने का मौक़ा न मिलेगा और ता'लीम का अस्ली मक़्सद फ़ौत हो जाएगा, चुनान्चे वही हुआ जिसका हमें ख़ौफ़ था। हम रोज़ बरोज़ मुर्झाते चले गए और हमारे दिमाग़ पर फफूँद सी जमने लगी। सिनेमा जाने कि इजाज़त कभी-कभार मिल जाती थी लेकिन इस शर्त पर कि बच्चों को भी साथ लेता जाऊँ। इस सोहबत में भला मैं सिनेमा से क्या अख़्ज़ कर सकता था। थिएटर के मामले में हमारी मा'लूमात से आगे बढ़ने न पाईं। तैरना हमें न आया क्योंकि हमारे मामूँ का एक मश्हूर क़ौल है कि 'डूबता वही है जो तैराक हो' जिसे तैरना न आता हो वह पानी में घुसता ही नहीं। घर आने जाने वाले दोस्तों का इन्तिख़ाब[3] मामूँ के हाथ में था। कोट कितना लम्बा पहना जाए और बाल कितने लम्बे रखे जाएँ, उनके मुतअ'ल्लिक़ हिदायात[4] बहुत कड़ी थीं। हफ्ते में दो बार घर ख़त लिखना ज़रूरी था। सिगरेट ग़ुस्ल-ख़ाने में छुप कर पीते थे। गाने-बजाने की सख़्त मुमानिअ'त[5] थी।

ये सिपाहियाना ज़िन्दगी हमें रास न आई। यूँ तो दोस्तों से मुलाक़ात भी हो जाती थी। सैर को भी चले जाते थे। हँस बोल भी लेते थे लेकिन वो जो ज़िन्दगी में एक आज़ादी, एक फ़र्राख़ी, एक वाबस्तगी[6] होनी चाहिए वो हमें नसीब न हुई। रफ़्ता-रफ़्ता[7] हमने अपने माहौल पे ग़ौर करना शुरू' किया कि मामूँ जान अ'मूमन किस वक़्त घर में होते हैं, किस

---

1 गुमान 2 माता-पिता 3 चुनना 4 अनुदेश 5 प्रतिषेध 6 सम्बन्ध 7 धीरे-धीरे

वक़्त बाहर जाते हैं, किस कमरे में से किस कमरे तक गाने की आवाज़ नहीं पहुँच सकती, किस दरवाजे से कमरे के किस कोने में झाँकना ना मुमकिन है घर का कौन सा दरवाज़ा रात के वक़्त बाहर खोला जा सकता है, कौन सा मुलाज़िम मुवाफ़िक़[1] है, कौन सा नमक हलाल है। जब तज्रबे और मुताले'[2] से इन बातों का अच्छी तरह अन्दाज़ा हो गया तो हमने उस ज़िन्दगी में भी नश्व-ओ-नुमा[3] के लिए चन्द गुन्जाइशें[4] पैदा कर लीं लेकिन फिर भी हम रोज़ देखते थे कि हॉस्टल में रहने वाले तल्बा किस तरह अपने पाँव पर खड़े हो कर ज़िन्दगी की शाहराह[5] पर चल रहे हैं। हम उनकी ज़िन्दगी पर रश्क करने लगे। अपनी ज़िन्दगी को सुधारने की ख़्वाहिश हमारे दिल में रोज़-ब-रोज़ बढ़ती गई। हमने दिल से कहा, वालिदैन की नाफ़रमानी किसी मज़हब में जाइज़ नहीं लेकिन उनकी ख़िदमत में दरख़्वास्त करना, उनके सामने अपनी नाक़िस[6] राय का इज़्हार करना, उनको सही वाक़िआ'त से आगाह करना मेरा फ़र्ज़ है और दुनिया की कोई ताक़त मुझे अपने फ़र्ज़ की अदाइगी से बा'ज़ नहीं रख सकती।

चुनान्चे जब गर्मियों की ता'तीलात[7] में, मैं वतन को वापस गया चन्द मुख़्तसर[8] जामे'[9] और मुअस्सिर तक़रीरें अपने दिमाग़ में तय्यार रखीं। घर वालों को हॉस्टल पर सबसे बड़ा एतराज़ ये था कि वहाँ की आज़ादी नौ-जवानों के लिए अज़हद मुज़िर[10] होती है। इस ग़लत-फ़हमी को दूर करने के लिए हज़ार हा वाक़िआ'त ऐसे तस्नीफ़[11] किए जिनसे हॉस्टल के क़वायद की सख़्ती उन पर अच्छी तरह रौशन हो जाए। सुप्रिंटेन्डेंट साहब के ज़ुल्म-ओ-तशद्दुद की चन्द मिसालें रक़्क़त[12] अंगेज़ पैराए में सुनाईं। आखें बन्द करके एक आह भरी बेचारे अश्फ़ाक़ का वाक़िआ' बयान किया कि एक दिन शाम के वक़्त बेचारा हॉस्टल को

---

1 मुनासिब 2 पढ़ना 3 परवरिश 4 आसानी 5 रास्ता 6 अधूरा 7 छुट्टियाँ 8 छोटा 9 संग्रह करने वाला संग्रहीता 10 हानिकारक 11 लेखन 12 आँसू से भरा

वापस आ रहा था। चलते-चलते पाँव में मोच आ गई। दो मिनट देर से पहुँचा। सिर्फ़ दो मिनट। बस साहब उस पर सुप्रिंटेन्डेंट साहब ने तार दे कर उसके वालिद को बुलवा लिया। पुलिस से तहक़ीक़ात[1] करने को कहा और महीने भर के लिए उसका जेब ख़र्च बन्द कर दिया। तौबा है इलाही।

लेकिन ये वाक़िआ' सुन कर घर के लोग सुप्रिटेन्डेंट के ख़िलाफ़ हो गए। हॉस्टल की ख़ूबी उन पर वाज़ेह न हुई। फिर एक दिन मौक़ा पा कर बेचारे महमूद का वाक़िआ' बयान किया कि एक दफ़ा शामत-ए-आ'माल[2] बेचारा सिनेमा देखने चला गया। क़ुसूर उससे यह हुआ कि एक रुपए वाले दर्जे में जाने के बजाए वो दो रूपए वाले दर्जे में चला गया। बस इतनी सी फ़ुजूल खर्ची पर उसे उ'म्र भर सिनेमा जाने की मुमानिअ'त[3] हो गई है।

लेकिन इससे भी घर वाले मुतअ'स्सिर न हुए। उनके रवय्ये से मुझे फ़ौरन एहसास हुआ कि एक रुपए और दो रुपए के बजाए आठ-आना और एक रुपए कहना चाहिए था।

इन्हीं नाकाम कोशिशों में ता'तीलात गुज़र गईं और हमने फिर मामूँ की चौखट पर आकर सज्दा किया।

अगली गर्मियों की छुट्टियों में जब हम फिर गए तो हमने एक ढंग इख़्तियार किया। दो साल ता'लीम पाने के बाद हमारे ख़यालात में पुख़्तगी सी आ गई थी। पिछले साल हॉस्टल की हिमायत[4] में जो दलाइल हमने पेश की थीं वह अब हमें निहायत बोदी मा'लूम होने लगी थीं। अबके हमने इस मौज़ू पर एक लेक्चर दिया कि जो शख़्स हॉस्टल की ज़िन्दगी से महरूम हो, उसकी शख़्सियत[5] नामुकम्मल रह जाती

---

1 जाँच-पड़ताल 2 बुरे कर्मों का फल 3 प्रतिषेध 4 समर्थन 5 व्यक्तित्व

है। हॉस्टल से बाहर शख़्सियत पनपने नहीं पाती। चन्द दिन तो हम इस पर फ़लसफ़ियाना[1] गुफ़्तुगू करते रहे नफ़्सियात[2] के नुक़्ता-ए-नज़र[3] से इसपर बहुत कुछ रौशनी डाली लेकिन हमें महसूस हुआ कि बग़ैर मिसालों के काम न चलेगा और जब मिसालें देने की नौबत[4] आई ज़रा दिक़्क़ महसूस हुई। कॉलेज के जिन तल्बा[5] के मुतअ'ल्लिक़ मेरा ईमान था कि वह ज़बरदस्त शख़्सियतों[6] के मालिक हैं, उनकी ज़िन्दगी कुछ ऐसी न थी कि वालिदैन के सामने बतौर नमूने के पेश की जा सके। हर वह शख़्स जिसे कॉलेज में ता'लीम हासिल करने का मौक़ा मिला है जानता है कि 'वालिदैनी अग़राज़' के लिए वाक़िआ'त को एक नए और अछूते पैराए[7] में बयान करने की ज़रूरत पेश आती है, लेकिन इस नये पैराए का सूझ जाना इल्हाम[8] और इत्तफ़ाक़ पर मुन्हसिर[9] है। बा'ज़ रौशन ख़याल बेटे वालिदैन को अपने हैरत-अंगेज़ औसाफ़[10] का क़ाइल[11] नहीं कर सकते और बा'ज़ नालायक़ तालिब-इ'ल्म वालिदैन को इस तरह मुतमइन कर देते हैं कि हर हफ़्ते उनके नाम मनी-आर्डर पे मनी-आर्डर चला आता है।

बना-दाँ आँ चुनाँ रोज़ी रसानद
कि दाना अन्दराँ हैराँ बनामद

जब हम डेढ़ महीने तक शख़्सियत और 'हॉस्टल की ज़िन्दगी पर उसका इन्हसार[12]' उन दोनों मज़्मूनों[13] पर वक़्तन-फ़वक़्तन[14] अपने ख़यालात का इज़्हार करते रहे, तो एक दिन वालिद ने पूछा:

"तुम्हारा शख़्सियत से आखिर मत्लब क्या है?"

मैं तो ख़ुदा से यही चाहता था कि वह मुझे अर्ज़-ओ-मा'रूज़ का मौक़ा दें। मैंने कहा, "देखिए ना! मसलन एक तालिब-इ'ल्म है। वो

---

1 दार्शनिक 2 मनोविज्ञान 3 दृष्टिकोण 4 स्थिति 5 छात्रा 6 व्यक्तित्व 7 शैली 8 ईश्वर की ओर से हृदय में आई हुई बात 9 निर्भर 10 गुण 11 आश्वस्त 12 निर्भर 13 विषय 14 कभी-कभार

कॉलेज में पढ़ता है। अब एक तो उसका दिमाग़ है। एक उसका जिस्म है। जिस्म की सेहत भी ज़रूरी है और दिमाग़ की सेहत तो ज़रूरी है ही, लेकिन उनके अलावा वो एक और बात भी होती है जिससे आदमी गोया पहचाना जाता है। मैं उसको शख़्सियत[1] कहता हूँ। उसका तअ'ल्लुक़ न जिस्म से होता है न दिमाग़ से। हो सकता है कि एक आदमी की जिस्मानी सेहत बिल्कुल ख़राब हो लेकिन फिर भी उसकी शख़्सियत.... न ख़ैर दिमाग़ तो बेकार नहीं होना चाहिए, वर्ना इन्सान ख़ब्ती[2] होता है। लेकिन फिर भी अगर हो भी, तो भी....गोया शख़्सियत एक ऐसी चीज़ है....ठहरिए, मैं अभी एक मिनट में आप को बताता हूँ।"

एक मिनट के बजाए वालिद ने मुझे आधे घंटे की मोहलत दी जिसके दौरान वह ख़ामोशी के साथ मेरे जवाब का इन्तिज़ार करते रहे। उसके बाद वहाँ से उठ कर चला आया।

तीन चार दिन बाद मुझे अपनी ग़लती का एहसास हुआ। मुझे शख़्सियत नहीं सीरत कहना चाहिए। शख़्सियत एक बे-रंग सा लफ़्ज़ है। सीरत[3] के लफ़्ज़ से नेकी टपकती है। चुनान्चे मैं सीरत को अपना तकिया-कलाम[4] बना लिया लेकिन ये भी मुफ़ीद साबित न हुआ। वालिद कहने लगे: "क्या सीरत से तुम्हारा मत्लब चाल-चलन है या कुछ और?"

मैंने कहा: "कि चाल चलन ही कह-लीजिए।"

"तो गोया दिमाग़ी और जिस्मानी सेहत के अ'लावा चाल चलन भी अच्छा होना चाहिए?"

मैंने कहा, "बस यही तो मेरा मत्लब है।"

"और यह चाल-चलन हॉस्टल में रहने से बहुत अच्छा हो जाता है?"

निस्बतन नहीफ़ आवाज़ से कहा, "जी हाँ।"

---

1 व्यक्तित्व 2 नासमझ 3 चरित्र 4 जिस वाक्य या वाक्यांश को बार बार कहने की आदत हो

"या'नी हॉस्टल में रहने वाले तालिब-इ'ल्म नमाज़-रोज़े के ज़ियादा पाबन्द होते हैं। मुल्क की ज़ियादा ख़िदमत करते हैं। सच ज़ियादा बोलते हैं। नेक ज़ियादा होते हैं।"

मैंने कहा: "जी हाँ।"

कहने लगे: "वो क्यों?" इस सवाल का जवाब एक बार प्रिंसिपल साहब ने तक़सीम-ए-इनआ'मात के जलसे में निहायत वज़ाहत[1] के साथ बयान किया था। ऐ-काश मैंने उस वक़्त तवज्जोह से सुना होता।

उस के बाद फिर साल भर मैं मामूँ के घर में "ज़िन्दगी है तो ख़ज़ाँ के भी गुज़र जाएँगे दिन" गाता रहा।

हर साल मेरी दरख़्वास्त का यही हश्र[2] होता रहा। लेकिन मैंने हिम्मत न हारी। हर साल नाकामी का मुंह देखना पड़ता लेकिन अगले साल गर्मियों की छुट्टी में पहले से भी ज़ियादा शद-ओ-मद[3] के साथ तब्लीग़[4] का काम जारी रखता। हर दफ़्अ' नई-नई दलीलें पेश करता, नई-नई मिसालें काम में लाता। जब शख़्सियत और सीरत वाले मज़्मून[5] से काम न चला तो अगले साल हॉस्टल की ज़िन्दगी के इनज़बात और बाक़ाइदगी पर तब्सिरा[6] किया। उससे अगले साल ये दलील पेश की कि हॉस्टल में रहने से प्रोफ़ेसरों के साथ मिलने-जुलने के मौक़े ज़ियादा मिलते रहते हैं और उन "बैरून-अज़-कॉलेज" मुलाक़ातों से इन्सान पारस हो जाता है। उससे अगले साल ये मत्लब यूँ अदा किया कि हॉस्टल की आब-ओ-हवा[7] बहुत अच्छी होती है, सफ़ाई का ख़ास तौर से ख़याल रखा जाता है। मक्खियाँ और मच्छर मारने के लिए कई-कई अफ़्सर मुक़र्रर[8] हैं। उससे अगले साल यूँ सुख़न पैरा हुआ कि जब बड़े बड़े हुक्काम[9] कॉलेज का मुआ'इना[10] करने आते हैं तो हॉस्टल में रहने वाले तल्बा से फ़र्दन-फ़र्दन[11] हाथ मिलाते हैं। इससे रुसूख़[12] बढ़ता है,

---

1 भव्यता 2 हाल 3 धूमधाम 4 प्रचार 5 विषय 6 आलोचना 7 हवा पानी 8 नियुक्त 9 अधिकारी वर्ग 10 जाँज पड़ताल 11 अलग-अलग 12 प्रभाव

लेकिन जूँ-जूँ जमाना गुजरता गया मेरी तक़रीरों में जोश बढ़ता गया लेकिन मा'क़ूलियत[1] कम होती गई। शुरू'-शुरू' में हॉस्टल के मसअले पर वालिद बाक़ाइदा बहस किया करते थे। कुछ अ'र्से[2] बाद उन्होंने यक लफ़्ज़ी इन्कार का रवय्या इख़्तियार किया। फिर एक-आध साल मुझे हंस के टालते रहे और आख़िर में यह नौबत आन पहुँची कि वह हॉस्टल का नाम सुनते ही एक तन्ज़-आमेज़[3] क़हक़हे के साथ मुझे तशरीफ़ ले जाने का हुक्म दे दिया करते थे।

उनके इस सुलूक से आप ये अन्दाज़ा न लगाइए कि उनकी शफ़क़त[4] कुछ कम हो गई थी। हर्गिज़ नहीं। हक़ीक़त सिर्फ़ इतनी है कि बा'ज़ नागवार हादसात[5] की वज्ह से घर में मेरा इक़्तिदार[6] कुछ कम हो गया था।

इत्तिफ़ाक़ ये हुआ कि मैंने जब पहली मर्तबा बी.ए. का इम्तिहान दिया तो फेल हो गया। अगले साल एक मर्तबा फिर यही वाक़िआ' पेश आया। उसके बाद भी जब तीन चार दफ़अ' यही क़िस्सा हुआ तो घर वालों ने मेरी उमंगों में दिलचस्पी लेनी छोड़ दी। बी.ए. में पै-दर-पै फ़ेल होने की वज्ह से मेरी गुफ़्तुगू में एक सोज़ तो ज़रूर आ गया था लेकिन कलाम में वो पहले जैसी शौकत और मेरी राय की वो पहले जैसी वक़अ'त अब न रही थी।

मैं ज़माना-ए-तालिब इ'लमी के उस दौर का हाल ज़रा तफ़्सील से बयान करना चाहता हूँ क्योंकि इससे एक तो आप मेरी ज़िन्दगी के नशेब-ओ-फ़राज़[7] से अच्छी तरह वाक़िफ़ हो जाएँगे और इसके अ'लावा इससे यूनिवर्सिटी की बा'ज़ बे-क़ाइदगी का राज़ भी आप पर आश्कार[8] हो जाएगा। मैं पहले साल बी.ए. में क्यों फ़ेल हुआ, इसका समझना बहुत

1 औचित्य 2 समय 3 व्यंगपूर्ण 4 हमदर्दी 5 नापसन्द दुर्घटनाएँ 6 अधिकार 7 उतार चढ़ाव 8 व्यक्त

आसान है। बात ये हुई कि जब हम ने एफ़.ए. का इम्तिहान दिया चूँकि हमने काम बहुत दिल लगा कर किया था इसलिए इसमें "कुछ" पास हो गए। बहर-हाल फ़ेल न हुए। यूनिवर्सिटी ने यूँ तो हमारा ज़िक्र[1] बड़े अच्छे अल्फ़ाज़ में किया लेकिन रियाज़ी[2] के मुतअ'ल्लिक़ ये इरशाद हुआ कि सिर्फ़ इस मज़्मून[3] का इम्तिहान एक आध दफ़्अ' फिर दे डालो। (ऐसे इम्तिहान को इस्तलाहन[4] कम्पार्टमेंट कहा जाता है। शायद इसलिए कि बग़ैर रज़ा-मन्दी अपने हमराही मुसाफ़िरों के अगर कोई इसमें सफ़र कर रहे हों मगर नक़्ल नवीसी की सख़्त मुमानिअ'त[5] है।)

अब जब हम बी.ए. में दाख़िल होने लगे तो हमने ये सोचा कि बी.ए. में रियाज़ी लेंगे। इस तरह से कम्पार्टमेंट के इम्तिहान के लिए फ़ालतू काम न करना पड़ेगा। लेकिन हमें सब लोगों ने यही मश्वरा दिया कि तुम रियाज़ी मत लो। जब हमने इसकी वज्ह पूछी तो किसी ने हमें कोई मा'क़ूल जवाब न दिया लेकिन जब प्रिंसिपल साहब ने भी यही मश्वरा दिया तो हम रज़ामन्द[6] हो गए, चुनान्चे बी.ए. में हमारे मज़ामीन[7] अंग्रेज़ी, तारीख़ और फ़ारसी क़रार पाए। साथ-साथ हम रियाज़ी के इम्तिहान की भी तय्यारी करते रहे। गोया हम तीन के बजाए चार मज़्मून पढ़ रहे थे। इस तरह से जो सूरत-ए-हालात[8] पैदा हुई इसका अन्दाज़ा वही लोग लगा सकते थे जिन्हें यूनिवर्सिटी के इम्तिहान का काफ़ी तज्रबा था। हमारी क़ुव्वत-ए-मुतालिआ'[9] मुन्तशिर[10] हो गई और ख़यालात में पराग-न्दगी[11] पैदा हुई। अगर मुझे चार के बजाए सिर्फ़ तीन मज़ामीन पढ़ने होते तो जो वक़्त मैं फ़िलहाल चौथे मज़्मून को दे रहा था वह बाँट कर मैं उन तीन मज़ामीन को देता, आप यक़ीन मानिए इससे बड़ा फ़र्क़ पड़ जाता और फ़र्ज़[12] किया अगर मैं वो वक़्त तीनों को बाँट कर न देता बल्कि

---

1 चर्चा 2 गणित 3 विषय 4 पारिभाषिक रूप से 5 रुकावट 6 मान गए 7 विषयों 8 हालात की सूरत 9 पढ़ने की शक्ति 10 बिखर जाना 11 अस्तव्यस्तता 12 मान लेना

सबका सब उन तीनों में से किसी एक मज़्मून के लिए वक़्फ़[1] कर देता तो कम-अज़-कम[2] उस मज़्मून में ज़रूर पास हो जाता, लेकिन मौजूदा हालात में तो वही होना लाज़िम[3] था जो हुआ, या'नी ये कि मैं किसी मज़्मून पर कमाहक़्क़ा[4] तवज्जोह न कर सका। कम्पार्टमेंट के इम्तिहान में तो पास हो गया, लेकिन बी.ए. में एक तो अंग्रेज़ी में फ़ेल हुआ। वो तो होना ही था, क्योंकि अंग्रेज़ी हमारी मादरी ज़बान नहीं। इसके अ'लावा तारीख़ और फ़ारसी में भी फ़ेल हो गया। अब आप सोचिए ना कि जो वक़्त मुझे कम्पार्टमेंट के इम्तिहान पर सर्फ़ करना पड़ा वो अगर मैं वहाँ सर्फ़ ना करता बल्कि उसके बजाए.... मगर ख़ैर ये बात मैं पहले अ'र्ज़ कर चुका हूँ।

फ़ारसी में किसी ऐसे शख़्स का फ़ेल होना जो एक इ'ल्म दोस्त ख़ानदान से तअ'ल्लुक़ रखता हो लोगों के लिए अज़-हद हैरत का मुअ'ज्जिब[5] हुआ और सच पूछिए तो हमें भी इसपर सख़्त निदामत[6] हुई, लेकिन ख़ैर अगले साल ये निदामत धुल गई और हम फ़ारसी में पास हो गए। इससे अगले साल तारीख़ में पास हो गए और उससे अगले साल अंग्रेज़ी में।

अब बाक़ाइदे की रौ से हमें बी.ए. का सर्टिफ़िकेट मिल जाना चाहिए था, लेकिन यूनीवर्सिटी की इस तिफ़लाना[7] ज़िद का क्या इ'लाज कि तीनों मज़्मूनों में ब-यक-वक़्त पास होना ज़रूरी है। बा'ज़ तबाए ऐसी हैं कि जब तक यक्सूई[8] न हो, मुतालिआ' नहीं कर सकते। क्या ज़रूरी है कि उनके दिमाग़ को ज़बरदस्ती एक खिचड़ी सा बना दिया जाए। हमने हर साल सिर्फ़. एक मज़्मून पर अपनी तमाम तर तवज्जोह दी और इसमें वो कामियाबी हासिल की कि बायद-ओ-शायद[9]। बाक़ी दो मज़्मून हमने नहीं देखे लेकिन हमने ये तो साबित कर दिया कि जिस मज़्मून में

---

1 ईश्वरार्पण 2 कम से कम 3 ज़रूरी 4 पूरा-पूरा 5 अश्चर्य करने वाले 6 शर्मिन्दगी 7 बचपना 8 अलग न होना 9 अद्भुत

चाहें पास हो सकते हैं।

अब तक दो मज़्मूनों में फ़ेल होते रहे थे, लेकिन इसके बाद हमने तहय्या[1] कर लिया कि जहाँ तक हो सकेगा अपने मुतालिआ' को वसी' करेंगे। यूनिवर्सिटी के बेहूदा और बेमा'ना क़वाइद को हम अपनी मर्ज़ी के मुताबिक़ नहीं बना सकते तो अपनी तबीअ'त पर ही कुछ ज़ोर डालें लेकिन जितना ग़ौर किया इसी नतीजे पर पहुँचे के तीन मज़्मूनों[2] में ब-यक-वक़्त[3] पास होना फ़िलहाल मुश्किल है। पहले दो में पास होने की कोशिश करनी चाहिए। चुनान्चे हम पहले साल अंग्रेज़ी और फ़ारसी में पास हो गए और दूसरे साल फ़ारसी और तारीख़ में।

जिन जिन मज़ामीन में हम जैसे जैसे फ़ेल हुए वो इस नक़्शे से ज़ाहिर हैं:

1- अंग्रेज़ी- तारीख़- फ़ारसी

2- अंग्रेज़ी- तारीख़

3- अंग्रेज़ी- फ़ारसी

4- तारीख़- फ़ारसी

गोया जिन जिन तरीक़ों से हम दो-दो मज़ामीन में फ़ेल हो सकते थे वो हम ने पूरे कर दिए। इसके बाद हमारे लिए दो मज़ामीन में फ़ेल होना नामुमकिन हो गया और एक एक मज़्मून में फ़ेल होने की बारी आई। चुनान्चे अब हमने मुन्दरजा-ज़ैल[4] नक़्शे के मुताबिक़ फ़ेल होना शुरू' कर दिया:

5- तारीख़ में फ़ेल

6- अंग्रेज़ी में फेल

---

1 ठान लेना 2 विषय 3 कभी-कभी 4 नीचे लिखे हुए

इतनी दफ़्अ' इम्तिहान दे चुकने के बाद जब हमने अपने नतीजों को यूँ अपने सामने रख कर ग़ौर किया तो साबित हुआ कि ग़म की रात ख़त्म होने वाली है। हमने देखा कि अब हमारे फ़ेल होने का सिर्फ़ एक ही तरीक़ा बाक़ी रह गया है वो ये कि फ़ारसी में फ़ेल हो जाएँ लेकिन इसके बाद तो पास होना लाज़िम है। हर चन्द कि ये सानिहा[1] अज़-हद[2] जां-काह[3] होगा। लेकिन इसमें मस्लहत[4] तो ज़रूर मुज़िर[5] है कि इसमें हमें एक क़िस्म का टीका लग जाएगा। बस यही एक कसर[6] बाक़ी रह गई है। इस साल फ़ारसी में फ़ेल होंगे और फिर अगले साल क़तई[7] पास हो जाएँगे। चुनान्चे सातवीं दफ़ा इम्तिहान देने के बाद हम बेताबी[8] से फ़ेल होने का इन्तिज़ार करने लगे। ये इन्तिज़ार दर-अस्ल फ़ेल होने का न था बल्कि इस बात का इन्तिज़ार था कि इस फ़ेल होने के बाद हम अगले साल हमेशा के लिए बी.ए. हो जाएँगे।

हर साल इम्तिहान के बाद घर आता तो वालिदैन को नतीजे के लिए पहले ही से तय्यार कर देता। रफ़्ता-रफ़्ता[9] नहीं बल्कि यक्लख़्त[10] और फ़ौरन[11]। रफ़्ता-रफ़्ता तय्यार करने से ख़्वाह-मख़्वाह[12] वक़्त ज़ाए[13] होता है और परेशानी मुफ़्त में तूल[14] खींचती है। हमारा क़ाइदा ये था कि जाते ही कह दिया करते थे कि इस साल तो कम-अज़-कम[15] पास नहीं हो सकते। वालिदैन को अक्सर यक़ीन न आता। ऐसे मौक़ों पर तबीअ'त को बड़ी उलझन होती है। मुझे अच्छी तरह मा'लूम है कि मैं परचों में क्या लिख कर आया हूँ। अच्छी तरह जानता हूँ कि मुमतहिन[16] लोग अक्सर[17] नशे की हालत में परचे न देखें तो मेरा पास होना कतअ'न[18] नामुमकिन[19] है। चाहता हूँ कि मेरे तमाम बही-ख़्वाहों[20] को भी इस बात का यक़ीन हो जाए ताकि वक़्त पर उन्हें सदमा[21] न हो। लेकिन बही-ख़्वाह हैं कि मेरी तमाम तशरीहात[22] को महज़ कस्र-ए-नफ़सी[23] समझते

---

1 हादिसा 2 ज़रूरी 3 अत्यधिक दुखदाई 4 मुताबिक़ 5 हानिकर 6 कोताही 7 यक़ीनी 8 बेचैनी 9 धीरे-धीरे 10 अचानक 11 जल्दी 12 बेकार में 13 बर्बाद 14 लम्बाई 15 कम से कम 16 परीक्षा लेने वाला 17 ज़ियादातर 18 यक़ीनी 19 असंभव 20 भलाई चाहने वाला 21 उदास 22 स्पष्टी-करणों 23 विनीति

हैं। आख़िरी सालों में वालिद को फ़ौरन यक़ीन आ जाया करता था क्योंकि तज्रबे से उन पर साबित हो चुका था कि मेरा अन्दाज़ा ग़लत नहीं होता लेकिन इधर-उधर के लोग "अजी नहीं साहब", "अजी क्या कह रहे हो?", "अजी ये भी कोई बात है?" ऐसे फ़िक़्रों[1] से नाक में दम कर देते। बहर-हाल अब के फिर घर पहुँचते ही हम ने हस्ब-ए-दस्तूर[2] अपने फ़ेल होने की पेशनगोई[3] कर दी। दिल को ये तसल्ली थी कि बस ये आख़िरी दफ़्अ' है। अगले साल ऐसी पेशनगोई करने की कोई ज़रूरत न होगी।

साथ ही ख़याल आया कि वो हॉस्टल का क़िस्सा फिर शुरू' करना चाहिए। अब तो कॉलेज में सिर्फ़ एक ही साल बाक़ी रह गया है। अब भी हॉस्टल में रहना नसीब न हुआ तो उ'म्र भर गोया आज़ादी से महरूम रहे। घर से निकले तो मामूँ के दड़बे में और जब मामूँ के दड़बे से निकले तो शायद अपना एक दड़बा बनाना पड़ेगा, आज़ादी का एक साल। सिर्फ़ एक साल। और ये आख़िरी मौक़ा है।

आख़िरी दरख़्वास्त करने से पहले मैंने तमाम ज़रूरी मसालहा बड़ी एहतियात से जमा' किया। जिन प्रोफ़ेसरों से मुझे अब हम-उ'म्री का फ़ख़्र हासिल था उनके बे-तकल्लुफ़ी[4] से आरज़ूओं का इज़्हार किया और उनसे वालिद को ख़ुतूत[5] लिखवाए कि अगले साल लड़के को ज़रूर आप हॉस्टल में भेज दें। बा'ज़ कामयाब तल्बा के वालिदैन से भी इसी तरह की अर्ज़दाशतें[6] भिजवाईं। ख़ुद आ'दाद-ओ-शुमार[7] से साबित किया कि यूनिवर्सिटी से जितने लड़के पास होते हैं उनमें अक्सर हॉस्टल में रहते हैं और यूनिवर्सिटी का कोई वज़ीफ़ा[8] या तमग़ा या इनआ'म

---

1 बात 2 दस्तूर के मुताबिक़ 3 भविश्वानी 4 घनिष्ठता 5 चिट्ठियाँ 6 प्रार्थनापत्र 7 गिन्ती 8 संज्ञा

तो कभी हॉस्टल से बाहर गया ही नहीं। मैं हैरान हूँ कि ये दलील मुझे इससे बेशतर[1] कभी क्यों न सूझी थी, क्योंकि ये बहुत ही कारगर[2] साबित हुई। वालिद का इन्कार नर्म होते-होते ग़ौर-ओ-ख़ौज़[3] में तब्दील हो गया। लेकिन फिर भी उनके दिल से शक रफ़ा' न हुआ। कहने लगे कि, "मेरी समझ में नहीं आता कि जिस लड़के को पढ़ने का शौक़ हो वो हॉस्टल के बजाए घर पर क्यों नहीं पढ़ सकता।"

मैंने जवाब दिया, "हॉस्टल में एक इ'ल्मी फ़ज़ा होती है और अफ़-लातून[4] के घर के सिवा और किसी घर में दस्तियाब[5] नहीं हो सकती। हॉस्टल में जिसे देखो बहर-ए-उ'लूम[6] में ग़ोता-ज़न[7] नज़र आता है, बावजूद इसके हर हॉस्टल में दो दो सौ तीन तीन सौ लड़के रहते हैं। फिर भी वह ख़ामोशी तारी रहती है कि क़ब्रिस्तान मा'लूम होता है।

वज्ह ये कि हर एक अपने अपने काम में लगा रहता है। शाम के वक़्त हॉस्टल के सहन में जा-ब-जा तल्बा इ'ल्मी मुबाहिसों[8] में मशग़ूल[9] नज़र आते हैं। अलस्सुब्ह[10] हर एक तालिब-ए-इ'ल्म किताब हाथ में लिए हॉस्टल के चमन में टहलता नज़र आता है। खाने के कमरे में, कॉमन रूम में, गुस्लख़ानों में, बर-आमदों में, हर जगह लोग फ़लसफ़े और रियाज़ी और तारीख़ की बातें करते हैं। जिनको अदब-ए-अंग्रेज़ी का शौक़ है वह दिन रात आपस में शेक्सपियर की तरह गुफ़्तुगू करने की मश्क़ करते हैं। रियाज़ी के तल्बा अपने हर एक ख़याल को अलजब्रे में अदा करने की आ'दत डाल लेते हैं। फ़ारसी के तल्बा रुबाइयों[11] में तबादला-ए-ख़याल करते हैं। तारीख़ दिलदादा[12]....." वालिद ने इजाज़त दे दी।

---

1 पहले 2 सही 3 ग़ौर-ओ-फ़िक्र करना 4 प्राचीन यूनान के एक मश्हूर दार्शनिक 5 उपलब्ध 6 ज्ञान के सागर 7 पानी में डुबकी लगाना 8 विचार-विमर्श 9 व्यस्त 10 सुब्ह का समय 11 शाइ'री की एक विधा 12 मुग्ध

अब हमें यह इन्तिज़ार कि कब फ़ेल हों और कब अगले साल के लिए अर्ज़ी भेजें। इस दौरान हमने उन तमाम दोस्तों से ख़त-ओ-किताबत की जिन के मुतअ'ल्लिक़[1] यक़ीन था कि अगले साल फिर उनकी रफ़ाक़त[2] नसीब होगी और उन्हें यह मुज़दा[3] सुनाया कि आइन्दा साल हमेशा कॉलेज की तारीख़ में यादगार रहेगा, क्योंकि हम ता'लीमी ज़िन्दगी का एक वसी' तज्रबा अपने साथ लिए हॉस्टल में आ रहे हैं जिससे हम तल्बा की नई पौद को मुफ़्त मुस्तफ़ीद[4] फ़रमाएँगें। अपने ज़ेह्न में हमने हॉस्टल में अपनी हैसियत एक मादर-ए-मेहरबान[5] की सी सोच ली, जिसके इर्द-गिर्द तज्रबाकार तल्बा मुर्ग़ी के बच्चों की तरह भागते फिरेंगें। सुप्रिंटेन्डेंट साहब को जो किसी ज़माने में हमारे हम-जमा'त[6] रह चुके थे लिख भेजा कि जब हम हॉस्टल में आएँगे गे तो फ़लाँ-फ़लाँ मराआ'त[7] की तवक़्क़ो'[8] आपसे रखेंगे और फ़लाँ-फ़लाँ क़वाइद से अपने आप को मुस्तश्ना[9] समझेंगे। इत्तिलाअ'न[10] अ'र्ज़ है।

और ये सब कुछ कर चुकने के बाद हमारी बदनसीबी देखिए कि जब नतीजा निकला तो हम पास हो गए।

हम पे तो जो ज़ुल्म हुआ सो हुआ, यूनिवर्सिटी वालों की हिमाक़त[11] मुलाहिज़ा फ़रमाइये कि हमें पास करके अपनी आमदनी का एक मुस्तक़िल[12] ज़रीया हाथ से गँवा बैठे।

---

1 संबंधित 2 मित्रगण 3 शुभ समाचार 4 फ़ायदा उठाने वाला 5 दयालु माँ 6 क्लास साथी 7 छूट 8 उम्मीद 9 अलग 10 ख़बरदार करना 11 बेवक़ूफ़ी 12 लगातार

सवेरे जो कल आँख मेरी खुली

गीदड़ की मौत आती है तो शह्र की तरफ़ दौड़ता है, हमारी जो शामत[1] आई तो एक दिन अपने पड़ोसी लाला कृपा शंकर जी ब्रह्मचारी से बर-सबील-ए-तज़किरा[2] कह बैठे कि "लाला जी इम्तिहान के दिन क़रीब आते जाते हैं। आप सहर[3]-ख़ेज़ हैं। ज़रा हमें भी सुब्ह जगा दिया कीजिए।"

वो हज़रत भी मा'लूम होता है कि नफ़िलों[4] के भूके बैठे थे। दूसरे दिन उठते ही उन्होंने ईश्वर का नाम लेकर हमारे दरवाज़े पर मुक्का बाज़ी शुरू कर दी। कुछ देर तक तो हम समझे कि आ'लम-ए-ख़्वाब[5] है। अभी से क्या फ़िक्र, जागेंगे तो लाहौल[6] पढ़ लेंगे लेकिन यह गोला बारी लम्हा-लम्हा[7] तेज़ होती गई और साहब जब कमरे की चोबी दीवारें लरज़ने[8] लगीं, सुराही पर रखा हुआ गिलास जल तरंग की तरह बजने लगा और दीवार पर लटका हुआ कैलेन्डर पेंडुलम की तरह हिलने लगा तो बेदारी[9] का क़ाइल[10] होना ही पड़ा। मगर अब दरवाज़ा है कि लगातार खटखटाया जा रहा है। मैं क्या मेरे आबा-ओ-अजदाद[11] की रूहें और मेरी क़िस्मत-ए-ख़्वाबीदा[12] तक जाग उठी होगी। बहुतेरा[13] आवाज़ें देता हूँ।

"अच्छा....अच्छा! .....थैंक यू!....जाग गया हूँ......बहुत अच्छा! नवाज़िश[14] है।" आँ-जनाब हैं कि सुनते ही नहीं। ख़ुदाया! किस आफ़त का सामना है? ये सोते को जगा रहे हैं या मुर्दे को जिला रहे हैं? और

---

1 मौत 2 चर्चा के रास्ते से 3 बहुत तड़के उठने का अभ्यस्त 4 एक प्रकार की नमाज़ 5 काल्पनिक स्वप्न 6 हक़ारत करना7 पल-पल 8 काँपना 9 जागना 10 मानना 11 बाब-दादा 12 निद्रालु भाग्य 13 प्रचुर 14 कृपा

हज़रत-ए-ईसा भी तो बस वाजिबी[1] तौर पर हल्की सी आवाज़ में "क़ुम" कह दिया करते थे। ज़िन्दा हो गया तो हो गया नहीं तो छोड़ दिया। कोई मुर्दे के पीछे लठ ले के पड़ जाया करते थे? तोपें थोड़ी दाग़ा करते थे? पेश्तर[2] इसके कि बिस्तर से बाहर निकलें दिल को जिस क़दर समझाना बुझाना पड़ता है, उसका अन्दाज़ा कुछ अह्ल-ए-ज़ौक़[3] ही लगा सकते हैं। आख़िर-कार जब लैम्प जलाया और उनको बाहर से रौशनी नज़र आई तो तूफ़ान थमा।

अब जो हम खिड़की में से आस्मान को देखते हैं तो जनाब सितारे हैं कि जगमगा रहे हैं। सोचा कि आज पता चलाएँगे कि ये सूरज आख़िर किस तरह से निकलता है लेकिन जब घूम-घूम कर खिड़की में से और रौशन-दान में से चारों तरफ़ देखा और बुज़ुर्गों से सुब्ह-ए-काज़िब[4] की जितनी निशानियाँ सुनी थीं उनमें से एक भी कहीं नज़र न आई तो फ़िक्र सा लग गया कि आज कहीं सूरज ग्रहन न हो? कुछ समझ में न आया तो पड़ोसी को आवाज़ दी :

"लाला जी!...लाला जी!"

जवाब आया "हूँ।"

मैंने कहा, "आज ये क्या बात है। कुछ अंधेरा-अंधेरा सा है?"

कहने लगे, "तो और क्या तीन बजे ही सूरज निकल आए?"

तीन बजे का नाम सुन कर होश गुम हो गए। चौंक कर पूछा, "क्या कहा तुमने? तीन बजे हैं?"

कहने लगे, "तीन तो नहीं कुछ सात साढ़े सात मिनट ऊपर हैं।"

मैंने कहा, "अरे कमबख़्त[5]! ख़ुदाई फ़ौजदार, बद-तमीज़ कहीं के।

---

1 ज़रूरी 2 पहले 3 वो लोग जो साहित्यिक सूझ-बूझ रखते हैं 4 झूठा सवेरा, वह रोशनी जिसके बाद फिर अँधेरा हो जाता है 5 भाग्यहीन

मैंने तुझसे ये कहा था कि सुब्ह जगा देना या ये कहा था कि सिरे से सोने ही न देना। तीन बजे जागना भी कोई शराफ़त[1] है? हमें तूने कोई रेलवे गॉर्ड समझ रखा है? तीन बजे हम उठ सका करते तो इस वक़्त हम दादा जान के मंजूर-ए-नज़र[2] न होते? अबे अहमक़[3] कहीं के, तीन बजे उठ कर हम जिन्दा रह सकते हैं? अमीर-ज़ादे[4] हैं कोई मज़ाक़ है। लाहौल वला क़ुव्वत।"

दिल तो चाहता था कि अद्म[5] तशद्दुद-वशद्दुद[5] को ख़ैर-बाद[6] कह दूँ लेकिन फिर ख़याल आया कि बनी-नौ-ए'-इन्सान[7] की इसलाह[8] का ठेका कोई हमीं ने ले रखा है? हमें अपने काम से ग़रज़। लैम्प बुझाया और बड़-बड़ाते हुए फिर सो गए।

और फिर हस्ब-ए-मा'मूल[9] निहायत इत्मिनान के साथ भले आदमियों की तरह अपने दस बजे उठे। बारह बजे तक मुँह हाथ धोया और चार बजे चाय पी कर ठन्डी सड़क की सैर को निकल गए।

शाम को वापस हॉस्टल में वारिद[10] हुए। जोश-ए-शबाब[11] तो है ही इस पर शाम का अरमान-अंगेज़[12] वक़्त। हवा भी निहायत लतीफ़[13] थी। तबीअ'त भी ज़रा मचली हुई थी। हम ज़रा तरंग में गाते हुए कमरे में दाख़िल हुए कि;

बलाएँ ज़ुल्फ़-ए-जानाँ[14] की अगर लेते तो हम लेते

कि इतने में पड़ोसी की आवाज़ आई, "मिस्टर!"

हम उस वक़्त ज़रा चुटकी बजाने लगे थे। बस उंगलियाँ वहीं पर रुक गईं और कान आवाज़ की तरफ़ लग गए। इरशाद[15] हुआ, "ये आप गा रहे हैं?" (ज़ोर 'आप' पर)।

---

1 शालीनता 2 प्रिय 3 बेवक़ूफ़ 4 धनीपुत्र 5 अनस्तित्व 6 कल्याण 7 मानव जाति 8 सुधार 9 आदत के मुताबिक़ 10 प्रकट 11 जवानी के जोश 12 भड़काऊ कामना 13 नर्म 14 प्रेमिका के बाल 15 आदेश

मैंने कहा, "अजी मैं किस लायक़ हूँ लेकिन ख़ैर फ़रमाइए।"

बोले, "ज़रा वो मैं-मैं डिस्टर्ब होता हूँ।"

बस साहब। हम में जो मौसीक़ियत[1] की रूह पैदी हुई थी फ़ौरन मर गई। दिल ने कहा, "ओ ना-बकार[2] इन्सान। देख! पढ़ने वाले यूँ पढ़ते हैं।" साहब ख़ुदा के हुजूर में गिड़-गिड़ा कर दुआ' मांगी कि, "ख़ुदाया हम भी अब बाक़ाइदा मुतालिआ' शुरू' करने वाले हैं। हमारी मदद कर और हमें हिम्मत दे।"

आँसू पोंछ कर और दिल को मज़्बूत कर के मेज़ के सामने आ बैठे। दाँत भींच लिए, नेकटाई खोल दी, आस्तीनें चढ़ा लीं लेकिन कुछ समझ में न आया कि करें क्या? सामने सुर्ख़[3], सब्ज़[4], ज़र्द[5] सभी क़िस्म की किताबों का अंबार[6] लगा हुआ था। अब उनमें से कौन सी पढ़ें? फ़ैसला ये हुआ कि पहले किताबों को तर्तीब से मेज़ पर लगा दें कि बाक़ाइदा मुता'ले की पहली मंज़िल यही है।

बड़ी तक़्तीअ' की किताबों को अलाहिदा[7] रख दिया। छोटी तक़्तीअ' की किताबों को साईज़ के मुताबिक़ अलग क़तार[8] में खड़ा कर दिया। एक नोट पेपर पर हर एक किताब के सफ़्हों की ता'दाद लिख कर सबको जमा किया। फिर 15 अप्रैल तक के दिन गिने। सफ़्हों की ता'दाद को दिनों की ता'दाद पर तक़्सीम किया। साढ़े पाँच सौ जवाब आया लेकिन इज़्तिराब[9] की क्या मजाल जो चेहरे पर ज़ाहिर होने पाए। दिल में कुछ थोड़ा सा पछताए कि सुब्ह तीन ही बजे क्यूँ न उठ बैठे, लेकिन कम-ख़्वाबी के तिब्बी पहलू पर ग़ौर किया तो फ़ौरन अपने आप को मलामत[10] की। आख़िर कार इस नतीजे पर पहुँचे कि तीन बजे उठना तो लग़्व[11] बात है। अलबत्ता पाँच, छः, सात बजे के क़रीब उठना

1 सुरीलापन 2 नालायक़ 3 लाल 4 हरा 5 पीला 6 ढेर 7 अलग 8 लाइन 9 बेचैनी 10 धुत्कारना 11 वाहियात

निहायत मा'क़ूल[1] होगा। सेहत भी क़ायम रहेगी। और इम्तिहान की तय्यारी भी बाक़ाइदा होगी। हम-खुरमा-ओ-हम-सवाब[2]।

ये तो हम जानते हैं कि सवेरे उठना हो तो जल्दी ही सो जाना चाहिए खाना बाहर ही से खा आए थे । बिस्तर में दाख़िल हो गए।

चलते-चलते ख़याल आया कि लाला जी से जगाने के लिए कह ही न दें? यूँ हमारी अपनी क़ुव्वत-ए-इरादी[3] काफ़ी ज़बरदस्त है। जब चाहें उठ सकते हैं लेकिन फिर भी क्या हर्ज है। डरते-डरते आवाज़ दी, "लाला जी!"

उन्होंने पत्थर खींच मारा, "यस!"

हम और भी सहम गए कि लाला जी कुछ नाराज़ मा'लूम होते हैं। तोतला के दरख़्वास्त की कि, "लाला जी! सुब्ह आप को बड़ी तक्लीफ़ हुई। मैं आप का बहुत मम्नून[4] हूँ। कल अगर ज़रा मुझे छ: बजे या'नी जिस वक़्त छ: बजें..."

जवाब नदारद[5]।

मैं ने फिर कहा, "जब छे बज चुकें तो....सुना आप ने?"

चुप.

"लाला जी।"

कड़कती हुई आवाज़ ने जवाब दिया सुन लिया, "सुन लिया। छ: बजे जगा दूँगा। थ्री गामा प्लस फ़ोर अलफ़ा प्लस..."

हम ने कहा, "ब ब ब बहुत अच्छा। ये बात है।"

तौबा। ख़ुदा किसी का मोहताज[6] न करे।

लाला जी आदमी बहुत शरीफ़ हैं। अपने वा'दे के मुताबिक़ दूसरे

---

1 मुनासिब 2 वो काम जिसमें मज़ा भी हो और और भलाई भी 3 इरादे की शक्ति 4 शुक्र गुज़ार 5 विहीन 6 दरिद्र

दिन छ: बजे उन्होंने दरवाज़े पर घूसों की बारिश शुरू' कर दी। उनका जगाना तो महज़ एक सहारा था। हम ख़ुद ही इन्तिज़ार में थे कि ये ख़्वाब ख़त्म हो ले तो बस जागते हैं। वो न जगाते तो मैं ख़ुद ही एक दो मिनट बाद आँखें खोल देता। बहर-सूरत[1] जैसा कि मेरा फ़र्ज़ था मैंने उनका शुक्रिया अदा किया। उन्होंने इस शक्ल में क़ुबूल किया कि गोला बारी बन्द कर दी।

इसके बाद के वाक़िआ'त ज़रा बहस तलब से हैं और उन के मुतअ'ल्लिक़ रिवायात में किसी क़द्र इख़्तिलाफ़[2] है। बहर-हाल इस बात का मुझे यक़ीन है और मैं क़सम भी खा सकता हूँ कि आँखें मैंने खोल दी थीं। फिर ये भी याद है कि एक नेक और सच्चे मुसलमान की तरह कलमा-ए-शहादत भी पढ़ा। फिर ये भी याद है कि उठने से पेश्तर[3] दीबाचे[4] के तौर पर एक आध करवट भी ली। फिर का नहीं पता। शायद लिहाफ़ ऊपर से उतार दिया। शायद सर उस में लपेट दिया या शायद खाँसा कि ख़ुदा जाने ख़र्राटा लिया। ख़ैर ये तो यक़ीनी अम्र[5] है कि दस बजे हम बिल्कुल जाग रहे थे, लेकिन लाला जी के जगाने के बाद और दस बजे से पेश्तर ख़ुदा जाने हम पढ़ रहे थे या शायद सो रहे थे। नहीं हमारा ख़याल है पढ़ रहे थे या शायद सो रहे हों। बहर-सूरत ये नफ़्सियात[6] का मसअला है जिसमें न आप माहिर हैं न मैं। क्या पता लाला जी ने जगाया ही दस बजे हो या उस दिन छ: देर में बजे हों। ख़ुदा के कामों में हम आप क्या दख़्ल दे सकते हैं लेकिन हमारे दिल में दिन भर ये शुबा रहा कि क़ुसूर कुछ अपना ही मा'लूम होता है। जनाब शराफ़त मुला हिज़ा हो कि महज़ इस शुबहे कि बिना पर सुब्ह से शाम तक ज़मीर की मलामत[7] सुनता रहा और अपने आप को कोसता रहा। मगर लाला जी से हँस-हँस कर बातें कीं। उनका शुक्रिया अदा किया और इस ख़याल

---

1 प्रत्येक दशा में 2 विरोध 3 पहले 4 मुखबंध 5 कार्य 6 मानसिक विशेषताएँ

से कि उनकी दिल-शिकनी[1] न हो। हद-दर्जे की तमानियत[2] ज़ाहिर[3] की कि आप की नवाज़िश[4] से मैंने सुब्ह का सुहाना और रूह-अफ्ज़ा[5] वक़्त बहुत अच्छी तरह सर्फ़[6] किया, वरना और दिनों की तरह आज भी दस बजे उठता। "लाला जी! सुब्ह के वक़्त दिमाग़ क्या साफ़ होता है। जो पढ़ो ख़ुदा की क़सम फ़ौरन याद हो जाता है। भई ख़ुदा ने सुब्ह भी क्या अ'जीब चीज़ पैदा की है। या'नी अगर सुब्ह के बजाए सुब्ह-सुब्ह शाम हुआ करती तो दिन क्या बुरी तरह कटा करता।"

लाला जी ने हमारी इस जादू बया'नी की दाद यूँ दी कि पूछने लगे, "तो मैं आप को छ: बजे जगा दिया करूँ ना?"

मैंने कहा, "हाँ हाँ। वाह! ये भी कोई पूछने की बात है? बे-शक।"

शाम के वक़्त आने वाली सुब्ह के मुता'ले के लिए दो किताबें छाँट कर मेज़ पर अलाहिदा[7] जोड़ दीं, कुर्सी को चारपाई के क़रीब सरका लिया, ओवर-कोट और गुलू-बन्द को कुर्सी की पुश्त[8] पर आवेज़ाँ[9] कर दिया, कंटोप और दस्ताने पास ही रख लिए, दिया सलाई को तकिए के नीचे टटोला, तीन दफ़्अ' आयतुल-कुर्सी पढ़ी और दिल में निहायत ही नेक मन्सूबे[10] बाँध कर सो गया।

सुब्ह लाला जी की पहली दस्तक[11] के साथ ही झट आँख खुल गई। निहायत ख़न्दा-पेशानी[11] के साथ लिहाफ़ की एक खिड़की में से उनको, "गुड मॉर्निंग किया" और निहायत बे-दाराना[12] लहजे में खाँसा। लाला जी मुतमईन हो कर वापस चले गए।

हमने अपनी हिम्मत और उलुल-अज़्मी[13] को बहुत सराहा। आज हम फ़ौरन ही जाग उठे। दिल से कहा कि, "दिल भैया! सुब्ह उठना तो महज़ ज़रा सी बात है हम यूँ ही इस से डरा करते थे। दिल ने कहा,

---

1 दिल तोड़ना 2 संतोष 3 स्पष्ट 4 कृपा 5 आत्मा पौष्टिक 6 ख़र्च करना 7 अलग 8 पीठ 9 लटका हुआ 10 इरादे 11 सुशीलता 12 जागा हुआ 13 उच्च निश्चय

"और क्या। तुम्हारे तो यूँ ही औसान ख़ता[1] हो जाया करते हैं।" हमने कहा, "सच कहते हो यार। या'नी अगर हम सुस्ती और कसालत[2] को ख़ुद अपने क़रीब न आने दें तो उनकी क्या मजाल है कि हमारी बा-क़ाइदगी में ख़लल[3] अन्दाज़ हों। इस वक़्त इस लाहौर शह्र में हज़ारों ऐसे काहिल[4] लोग होंगे जो दुनिया-ओ-माफ़ीहा[5] से बेख़बर नींद के मज़े उड़ाते होंगे और एक हम हैं कि अदा-ए-फ़र्ज़ की ख़ातिर निहायत शगुफ़्ता[6] तबई' और ग़ुंचा-ज़हनी से जाग रहे हैं। भई क्या बर-ख़ुरदार[7] सआ'दत आसार वाक़े हुए हैं।" नाक को सर्दी सी महसूस होने लगी तो उसे ज़रा यूँ ही सा लिहाफ़[8] की ओट में कर लिया और फिर सोचने लगे...."ख़ूब! तो हम आज क्या वक़्त पर जागे हैं। बस ज़रा इसकी आ'दत हो जाए तो बाक़ाइदा क़ुरआन-मजीद की तिलावत[9] और फ़ज्र की नमाज़ भी शुरू कर दें। आख़िर मज़हब सब से मुक़द्दम है। हम भी क्या रोज़-ब-रोज़ इलहाद[10] की तरफ़ माइल[11] होते जाते हैं। न ख़ुदा का डर, न रसूल का ख़ौफ़। समझते हैं कि बस अपनी मेहनत से इम्तिहान पास कर लेंगे। अकबर बेचारा यही कहता-कहता मर गया, लेकिन हमारे कान पर जूँ तक न चली..." (लिहाफ़ कानो पर सरक आया) "तो गोया आज हम और लोगों से पहले जागे हैं..." बहुत ही पहले...या'नी कॉलेज शुरू होने से भी चार घंटे पहले....क्या बात है! ख़ुदावंद, कॉलेज वाले भी किस क़दर सुस्त हैं। हर एक मुसतइद[12] इन्सान को छ: बजे तक क़तई जाग उठना चाहिए। समझ में नहीं आता कि कॉलेज सात बजे क्यों न शुरू' हुआ करे...." (लिहाफ सर पर) "बात ये है कि तहज़ीब-ए-जदीद[13] हमारी तमाम आ'ला क़ुव्वतों की बीख़-कुनी कर रही है। ऐश-पसन्दी रोज़-ब-रोज़ बढ़ती जाती है..." (आँखें बन्द) "तो अब छ: बजे हैं। तो

---

1 होश-हवास ठिकाने न रहना 2 सुसती 3 रुकावट 4 सुसत 5 संसार और उसी की चीज़ें 6 हंसमुख स्वभाव 7 भाग्यवान 8 रजाई 9 पढ़ना 10 अलग 11 आकर्षित 12 चुसत 13 पश्चिमी संस्कृति

गोया तीन घंटे तो मुतवातिर[1] मुता'ला किया जा सकता है। सवाल सिर्फ़ ये है कि पहले कौन सी किताब पढ़ें, शेक्सपियर या वड्र्सवर्थ? मैं जानूँ शेक्सपियर बेहतर होगा। उसकी अज़ीमुश्शान[2] तसानीफ़[3] में ख़ुदा की अ'ज़मत[4] के आसार दिखाई देते हैं और सुब्ह के वक़्त अल्लाह मियाँ की याद से बेहतर और क्या चीज़ हो सकती है?" फिर ख़याल आया कि दिन को जज़्बात के महशरिस्तान[5] से शुरू करना ठीक फ़लसफ़ा[6] नहीं। वड्र्सवर्थ पढ़ें। उसके औराक़ में फ़ित्रत को सुकून-व-इत्मिनान मयस्सर होगा और दिल-ओ-दिमाग़ नेचर की ख़ामोश दिल-आवेज़ियों[7] से हल्के-हल्के लुत्फ़ अंदोज़[8] होंगे....लेकिन शेक्सपियर....नहीं वड्र्सवर्थ ही ठीक रहेगा...शेक्सपियर.... हेमलेट...लेकिन वड्र्सवर्थ.... लेडी मैकबेथ.... दीवानगी...सब्ज़ा-ज़ार[9]...संजर-संजर...बाद-ए-बहारी...सैद-ए-हवस... कश्मीर....मैं आफ़त का परकाला हूँ...।

ये मुअ'म्मा[10] अब फ़लसफ़ा मा-बा'द-उत-तबीआ'त[11] ही से तअ'ल्लुक़ रखता है कि फिर जो हम ने लिहाफ़ से सर बाहर निकाला और वड्र्सवर्थ पढ़ने का इरादा किया तो वही दस बज रहे थे। इसमें न मा'लूम क्या भेद है!

कॉलेज हॉल में लाला जी मिले। कहने लगे' "मिस्टर! सुब्ह मैंने फिर आपको आवाज़ दी थी। आप ने जवाब न दिया।"

मैंने ज़ोर का क़हक़हा लगा कर कहा, "ओ हो! लाला जी याद नहीं। मैं ने आपको गुड-मॉर्निंग कहा था। मैं तो पहले ही से जाग रहा था।"

बोले, "वो तो ठीक है लेकिन बाद में....उसके बाद...कोई सात बजे के क़रीब मैंने आप से तारीख़ पूछी थी। आप बोले ही नहीं।"

---

1 लगातार 2 महान 3 रचना 4 सम्मान 5 क़ियामत का मैदान 6 दर्शन-शास्त्र 7 सुंदर 8 आनंद लेने वाला 9 घास का मैदान 10 पहेली 11 अध्यात्म-विज्ञान

हमने निहायत ता'ज्जुब[1] की नज़रों से उनको देखा। गोया वो पागल हो गए हैं और फिर ज़रा मतीन[2] चेहरा बना कर माथे पर त्योरी चढ़ाए ग़ौर-ओ-फ़िक्र में मसरूफ़[3] हो गए। एक आध मिनट तक हम इस तअ'म्मुक़[4] में रहे। फिर यकायक[5] एक महजूबाना[6] और मा'शूक़ाना अन्दाज़ से मुसकुरा के कहा, "हाँ ठीक है। ठीक है। मैं उस वक़्त....ऐ....ऐ नमाज़ पढ़ रहा था।"

लाला जी मर-ऊब हो कर चल दिए और हम अपने ज़ोह्द-ओ-तक़्वा[7] की तस्कीनी में सर नीचा किए कमरे की तरफ़ चले आए।

अब यही हमारा रोज़-मर्रा का मा'मूल हो गया है। जागना नम्बर एक छ: बजे, जागना नम्बर दो दस बजे। इस दौरान लाला जी आवाज़ दें तो नमाज़!

जब दिल-ए-मरहूम[8] एक जहान-ए-आरजू था तो यूँ जागने की तमन्ना किया करते थे कि "हमारा फ़र्क़-ए-नाज़ महव-ए-बालिश-ए-कमख़्वाब" हो और सूरज की पहली किरनें हमारे सियाह पुर-पेच बालों पर पड़ रही हों। कमरे में फूलों की बू-ए-सहरी[9] की रूह अफ़जाईयाँ[10] कर रही हो। नाज़ुक और हसीन हाथ अपनी उंगलियों से बरबत के तारों को हल्के-हल्के छेड़ रहे हों और इ'श्क़ में डूबी हुई सुरीली और नाज़ुक आवाज़ मुस्कुराती हुई गा रही हो।

"तुम जागो मोहन प्यारे।"

ख़्वाब की सुनहरी धुँध आहिस्ता-आहिस्ता मूसीक़ी की लहरों में तहलील[11] हो जाए और बेदारी[12] एक ख़ुश-गवार तिलिस्म[13] की तरह तारीकी[14] के बारीक नक़ाब[15] को ख़ामोशी से पारा-पारा[16] कर दे। चेहरा

---

1 आश्चर्य 2 ठोस 3 व्यस्त 4 गहराई 5 अचानक 6 शर्मीले पन का 7 पारसाई 8 निराश दिल 9 सुब्ह की महक 10 हौसला बढ़ाना 11 स्तुति करना 12 नींद से जागना 13 जादू 14 अंधेरा 15 मुखावरण 16 टुकड़ा-टुकड़ा

किसी की निगाह-ए-इश्तियाक़[1] की गर्मी महसूस कर रहा हो। आँखें मसहूर[2] हो कर खुलें और चार हो जाएँ। दिल-आवेज़[3] तबस्सुम[4] सुब्ह को और भी दरख़्शंदा[5] कर दे और गीत, "सांवरी सूरत तोरी मन को भाई" के साथ ही शर्म-ओ-हिजाब[6] में डूब जाए।

नसीब ये है कि पहले, "मिस्टर! मिस्टर" की आवाज़ और दरवाज़े की दनादन सामे'-नवाज़ी[7] करती है और फिर चार घंटे बाद कॉलेज का घड़ियाल दिमाग़ के रेशे-रेशे[8] में दस बजाना शुरू कर देता है और उस चार घंटे के अ'र्से मे गुड़वयों के गुड़ पड़ने, देगचियों के उलट जाने, दरवाज़ों के बन्द होने, किताबों के झाड़ने, कुर्सियों के घसीटने, कुल्लियाँ और ग़रग़रे करने, खँखारने और खाँसने की आवाज़ें तो गोया फ़िल-बदीही[9] ठुमरियाँ हैं। अन्दाज़ा कर लीजिए कि इन साज़ों में सुर-ताल की किस क़दर गुन्जाइश है।

मौत मुझको दिखाई देती है
जब तबीअ'त को देखता हूँ मैं

---

1 इच्छा से भरी निगाह 2 मंत्रमुग्ध 3 दिल लुभाने वाला 4 मुस्कुराहट 5 चमकता हुआ 6 शर्म और पर्दा 7 कानों को भला लगने वाला 8 रुक्षांश 9 बिना सोचे

कुत्ते

इ'ल्म-उल-हैवानात[1] के प्रोफ़ेसरों से पूछा, सलोत्रियों से दरयाफ़्त[2] किया, ख़ुद सर खपाते रहे लेकिन कभी समझ में न आया कि आख़िर कुत्तों का फ़ायदा क्या है? गाय को लीजिए, दूध देती है, बकरी को लीजिए, दूध देती है और मेंगनियाँ भी। ये कुत्ते क्या करते हैं? कहने लगे कि, "कुत्ता वफ़ादार जानवर है।" अब जनाब वफ़ादारी अगर इसी का नाम है कि शाम के सात बजे से जो भौंकना शुरू' किया तो लगातार बग़ैर दम लिए सुब्ह के छः बजे तक भौंकते चले गए, तो हम लंडूरे ही भले। कल ही की बात है कि रात के ग्यारह बजे एक कुत्ते की तबीअ'त जो ज़रा गुद-गुदाई तो उन्होंने बाहर सड़क पर आ कर तबर्रा[3] का एक मिस्रा'[4] दे दिया। एक-आध मिनट के बाद सामने के बंगले में से एक कुत्ते ने मतला अ'र्ज़ कर दिया। अब जनाब एक कुहना-मश्क़[5] उस्ताद को जो ग़ुस्सा आया एक हलवाई के चूल्हे में से बाहर लपके और भन्ना के पूरी ग़ज़ल मक़्ता' तक कह गए। इस पर शुमाल-मशरिक़[6] की तरफ़ से एक क़दर-शनास[7] कुत्ते ने ज़ोरों की दाद दी। अब तो हज़रत वो मुशाइरा[8] गर्म हुआ कि कुछ न पूछिए। कमबख़्त बा'ज़ तो दो ग़ज़ले, सह ग़ज़ले लिख लाए थे। कई एक ने फ़िल-बदीही[9] क़सीदे[10] के क़सीदे पढ़ डाले। वो हंगामा गर्म हुआ कि ठंडा होने में न आता था। हमने खिड़की में से हज़ारों दफ़्अ' आर्डर आर्डर पुकारा लेकिन कभी ऐसे मौक़ों पर प्रधान की भी कोई भी नहीं सुनता। अब उनसे कोई पूछे कि मियाँ तुम्हें कोई

---

1 प्राणिशास्त्र 2 पूछगूछ 3 घृणा 4 पूरे शे'र 5 चिराभ्यस्त 6 उत्तर और पूरब 7 गुणग्राहक 8 कवि सम्मेलन 9 तुकांत 10 पद्यात्मक प्रशंसा

ऐसा ही ज़रूरी मुशाइरा[1] करना था तो दरिया के किनारे खुली हवा में जाकर तबा'-आज़माई[2] करते ये घरों के दरमियान आकर सोतों को सताना कौन सी शराफ़त है?

और फिर हम देसी लोगों के कुत्ते भी कुछ अ'जीब बदतमीज़ वाक़े' हुए हैं। अक्सर तो इनमें से ऐसे क़ौम-परस्त[3] हैं कि पतलून-ओ-कोट को देख कर भौंकने लग जाते हैं। ख़ैर ये तो एक हद तक क़ाबिल-ए-ता'रीफ़ भी है। इसका ज़िक्र ही जाने दीजिए इसके अ'लावा एक और बात है या'नी हमें बारहा डालियाँ लेकर साहब लोगों के बंग्लों पर जाने का इत्तिफ़ाक़ हुआ। ख़ुदा की क़सम उनके कुत्तों में वो शाइस्तगी[4] देखी है कि अ'श-अ'श[5] करते लौट आए हैं। जूँ ही हम बंगले के अन्दर दाख़िल हुए कुत्ते ने बरामदे में खड़े-खड़े ही एक हल्की सी बख़ कर दी और फिर मुँह बन्द करके खड़ा हो गया। हम आगे बढ़े तो उसने भी चार क़दम आगे बढ़ कर एक नाज़ुक और पाकीज़ा आवाज़ में फिर बख़ कर दी। चौकीदारी की चौकीदारी मौसीक़ी की मौसीक़ी। हमारे कुत्ते हैं कि न राग न सुर, न सर न पैर। तान पे तान लगाए जाते हैं, बे-ताले कहीं के। न मौक़ा देखते हैं न वक़्त पहचानते हैं। बस गले-बाज़ी किए जाते हैं। घमंड इस बात पर है कि तानसेन इसी मुल्क में तो पैदा हुआ था।

इस में शक नहीं कि हमारे ता'ल्लुक़ात कुत्तों से ज़रा कशीदा ही रहे हैं लेकिन हमसे क़सम ले लीजिए जो ऐसे मौक़े पर हमने कभी सत्याग्रह से मुँह मोड़ा हो। शायद आप इसको तअ'ल्ली[6] समझें लेकिन ख़ुदा शाहिद है कि आज तक कभी किसी कुत्ते पर हाथ उठ ही न सका। अक्सर दोस्तों ने सलाह दी कि रात के वक़्त लाठी, छड़ी ज़रूर हाथ में रखनी चाहिए कि दाफ़ेउ'ल-बल्लियात[7] है लेकिन हम किसी से

---

1 कवि सम्मेलन 2 काव्य-रचना 3 कौम या जाति का सेवक 4 शिष्टता 5 आश्चर्य 6 अतिशयोक्ति 7 संकटमोचक

ख़्वाह-मख़्वाह अ'दावत पैदा करना नहीं चाहते। हालांकि कुत्ते के भौंकते ही हमारी तबई' शराफ़त[1] हम पर इस दर्जे ग़ल्बा पा जाती है कि आप हमें अगर उस वक़्त देखें तो यक़ीनन यही समझेंगे कि हम बुज़दिल हैं। शायद आप उस वक़्त ये भी अन्दाज़ा लगा लें कि हमारा गला ख़ुश्क[2] हुआ जाता है। ये अलबत्ता ठीक है। ऐसे मौक़े पर कभी गाने की कोशिश करूँ तो खरज के सुरों के सिवा और कुछ नहीं निकलता। अगर आपने भी हम जैसी तबीअ'त पाई हो तो आप देखेंगे कि ऐसे मौक़े पर आयत-उल-कुर्सी आपके ज़ेह्‌न से उतर जाएगी। उसकी जगह आप शायद दुआ'-ए-क़ुनूत पढ़ने लग जाएँ।

बा'ज़ औक़ात ऐसा इत्तिफ़ाक़ भी हुआ है कि रात के दो बजे छड़ी घुमाते थियेटर से वापस आ रहे हैं और नाटक के किसी न किसी गीत की तर्ज़ ज़ेह्‌न में बिठाने की कोशिश कर रहे हैं, चूँकि गीत के अल्फ़ाज़[3] याद नहीं और नौ-मश्क़ी[4] का आ'लम भी है इसलिए सीटी पर इक्तिफ़ा[5] की है कि बे-सुरे भी हो गए तो कोई यही समझेगा अंग्रेज़ी मौसीक़ी है। इतने में एक मोड़ पर से जो मुड़े तो सामने एक बकरी बँधी थी। ज़रा तसव्वुर मुलाहिज़ा हो। आँखों ने उसे भी कुत्ता देखा। एक तो कुत्ता और फिर बकरी की जसामत[6] का। गोया बहुत ही कुत्ता। बस हाथ पाँव फूल गए। छड़ी की गर्दिश[7] धीमी होते-होते एक निहायत ही ना-मा'क़ूल[8], ज़ाविये[9] पर हवा में कहीं ठहर गई। सीटी की मौसीक़ी भी थरथरा कर ख़ामोश हो गई लेकिन क्या मजाल जो हमारी थूथनी की मख़रूती[10] शक्ल में ज़रा भी फ़र्क़ आया हो। गोया एक बे-आवाज़ लय अभी तक निकल रही थी। तिब का मसअला है कि ऐसे मौक़ों पर अगर सर्दी के मौसम में भी पसीना आ जाए तो कोई मुज़ाइक़ा[11] नहीं बाद में फिर सूख

---

1 शालीनता 2 सूखा 3 शब्दें 4 नव अभ्यास 5 पर्याप्त होना 6 मोटाई 7 घूमना 8 ना-मुनासिब 9 कोण 10 गुंडाकार 11 संकोच

जाता है।

चूँकि हम तबअ'न ज़रा मोहतात[1] हैं इसलिए आज तक कुत्ते के काटने का कभी इत्तिफ़ाक़ नहीं हुआ या'नी किसी कुत्ते ने आज तक हमको कभी नहीं काटा। अगर ऐसा सानिहा कभी पेश आया होता तो इस सरगुज़श्त[2] की बजाए आज हमारा मर्सिया[3] छप रहा होता। तारीख़ी मिसरा दुआ'ईया होता कि इस कुत्ते की मिट्टी से भी कुत्ता घास पैदा हो लेकिन-

कहूँ किससे मैं कि क्या है सग-ए-रह[4] बुरी बला है

मुझे क्या बुरा था मरना अगर एक बार होता

जब तक इस दुनिया में कुत्ते मौजूद हैं और भौंकने पर मुसिर[5] हैं, समझ लीजिए कि हम क़ब्र में पाँव लटकाए बैठे हैं और फिर इन कुत्तों के भौंकने के उसूल भी तो कुछ निराले हैं। या'नी एक तो मुतअ'द्दी[6] मरज़ है और फिर बच्चों, बूढ़ों सब ही को लाहिक़[7] है। अगर कोई भारी भरकम असफ़ंद-यार[8] कुत्ता कभी कभी अपने रोब और दबदबे को क़ायम रखने के लिए भौंक ले तो हम भी चार-ओ-नाचार कह दें कि भई भौंक। (अगरचे ऐसे वक़्त में उसको ज़न्जीर से बँधा होना चाहिए।) लेकिन ये कमबख़्त दो रोज़ा, सह रोज़ा[9], दो-दो तीन-तीन तोले के पिल्ले भी तो भौंकने से बाज़ नहीं आते। बारीक आवाज़ ज़रा सा फेफड़ा उसपर भी इतना ज़ोर लगा कर भौंकते हैं कि आवाज़ की लर्ज़िश[10] दुम तक पहुँचती है और फिर भौंकते हैं चलती मोटर के सामने आकर गोया उसे रोक ही तो लेंगे। अब अगर ये ख़ाकसार[11] मोटर चला रहा हो तो क़तअ'न[12] हाथ काम करने से इन्कार कर दें लेकिन हर कोई यूँ उनकी जान बख़्शी

---

1 सावधान रहने वाला 2 व्यक्तिगत बखान 3 शोक-काव्य 4 रास्ते का कुत्ता 5 हठी 6 वो कार्य जिनसे दूसरों को फ़ायदा पहुँचे 7 आगे पीछे 8 9 छ दिन 10 काँपना 11 विनम्र 12 कदापि

थोड़ा ही कर देगा?

कुत्तों के भौंकने पर मुझे सब से बड़ा ए'तराज़ ये है कि उनकी आवाज़ सोचने के तमाम क़ुवा को मुअ'त्तल[1] कर देती है। ख़ुसूसन जब किसी दुकान के तख़्ते के नीचे से उनका एक पूरा खुफ़िया[2] जलसा बाहर सड़क पर आ कर तब्लीग़[3] का काम शुरू कर दे तो आप ही कहिए होश ठिकाने रह सकते हैं? हर एक की तरफ़ बारी बारी मुतवज्जह होना पड़ता है। कुछ उन का शोर, कुछ हमारी सदा-ए-एहतिजाज[4] (ज़ेर-ए-लब[5]) बेढंगी हरकात-ओ-सकनात[6] (हरकात उनकी, सकनात हमारी)। इस हंगामे में दिमाग़ भला ख़ाक काम कर सकता है? अगरचे ये मुझे भी नहीं मा'लूम कि अगर ऐसे मौक़े पर दिमाग़ काम करे भी तो क्या तीर मार लेगा? बहर-सूरत[7] कुत्तों की ये पर्ले दर्जे की ना-इन्साफ़ी मेरे नज़्दीक हमेशा क़ाबिल-ए-नफ़रीं रही है। अगर उनका एक नुमाइन्दा[8] शराफ़त के साथ हमसे आ कर कह दे कि आ'ली जनाब[9], सड़क बन्द है तो ख़ुदा की क़सम हम बगै़र चूं-चरा[10] किए वापस लौट जाएँ और ये कोई नई बात नहीं। हमने कुत्तों की दरख़्वास्त पर कई रातें सड़कें नापने में गुज़ार दी हैं लेकिन पूरी मजलिस का यूँ मुत्तफ़िक़ा-ओ-मुत्तहिद।[11] तौर पर सीना ज़ोरी करना एक कमीना हरकत है। (क़ारईन-ए-किराम[12] की ख़िद्मत में अ'र्ज़ है कि अगर इनका कोई अ'ज़ीज़-ओ-मोहतरम[13] कुत्ता कमरे में मौजूद हो तो ये मज़्मून[14] बुलन्द आवाज़ से न पढ़ा जाए। मुझे किसी की दिल-शिकनी[15] मत्लूब नहीं।)

ख़ुदा ने हर क़ौम में नेक अफ़्राद[16] भी पैदा किए हैं। कुत्ते इस कुल्लिए से मुस्तश्ना[17] नहीं। आपने ख़ुदा-तरस कुत्ता भी ज़रूर देखा होगा। अ'मूमन उसके जिस्म पर तपस्या के असरात ज़ाहिर होते हैं।

---

1 निलंबित 2 गुप्त 3 प्रचार 4 कड़ी आपत्ति 5 धीरे से 6 हाव-भाव 7 प्रत्येक दशा में 8 नायब 9 पूज्य 10 नुक्ता चीनी 11 एक साथ 12 कृपालु लोग 13 श्रेष्ठ बुजुर्ग 14 विषय 15 दिल टूटना 16 लोग 17 अलग 18 ग़रीबी 19 असमर्थता 20 गुनाह के बोझ

जब चलता है तो इस मिस्कीनी[18] और इज्ज[19] से गोया बार-ए-गुनाह[20] का एहसास आँख नहीं उठाने देता। दुम अक्सर पेट के साथ लगी होती है। सड़क के बीचों-बीच ग़ौर-ओ-फ़िक्र के लिए लेट जाता है और आँखें बन्द कर लेता है। शक्ल बिल्कुल फ़िलास्फ़रों की सी और शजरा[1] डेव जॉनसन कल्बी से मिलता है। किसी गाड़ी वाले ने मुतवातिर[2] बिगुल बजाया। गाड़ी के मुख़्तलिफ़ हिस्सों को खटखटाया लोगों से कहलवा-या। ख़ुद दस बारह दफ़्अ' आवाज़ें दीं तो आपने सर को वहीं ज़मीन पर रक्खे-रक्खे सुर्ख़[3] मख़्मूर[4] आँखों को खोला। सूरत-ए-हालात को एक नज़र देखा और फिर आँखें बन्द कर लीं। किसी ने एक चाबुक लगा दिया तो आप निहायत इत्मिनान के साथ वहाँ से उठ कर एक गज़ पर जा लेटे और ख़यालात के सिलसिले को जहाँ से वो टूट गया था वहीं से फिर शुरू' कर दिया। किसी बाईसकिल वाले ने घंटी बजाई तो लेटे-लेटे ही समझ गए कि बाईसकिल है। ऐसी छिछोरी चीज़ों के लिए वो रास्ता छोड़ देना फ़क़ीरी की शान के ख़िलाफ़ समझते हैं।

रात के वक़्त यही कुत्ता अपनी ख़ुश्क[5] पतली सी दुम[6] को ता-ब-हद्द-ए-इम्कान[7] सड़क पर फैला कर रखता है। इससे महज़ ख़ुदा के बर्गज़ीदा[7] बन्दों की आज़माइश मक़्सूद होती है। जहाँ आपने ग़लती से उसपर पाँव रख दिया, उन्होंने ग़ैज़-ओ-ग़ज़ब[8] के लहजे में आपसे पुर्सिश[9] शुरू कर दी। बच्चा फ़क़ीरों को छेड़ता है। नज़र नहीं आता हम साधू लोग यहाँ बैठे हैं बस उस फ़क़ीर की बद-दुआ' से उसी वक़्त रअ'शा[10] शुरू हो जाता है। बाद में कई रातों तक यही ख़्वाब नज़र आते रहते हैं कि बेशुमार[11] कुत्ते टाँगों से लिपटे हुए हैं और जाने नहीं देते। आँख खुलती है तो पाँव चारपाई की अदवान[12] में फँसे होते हैं।

---

1 पुरखों के नामों की सूची 2 लगातार 3 लाल 4 नशे में चूर 5 सूखा 6 पोंछ 7 चुना हुआ 8 गुस्सा 9 पूछताछ 10 कपकपी 11 असंख्य 12 चारपाई के पैताने बाँधी जानेवाली रस्सी

अगर ख़ुदा मुझे कुछ अ'र्से[1] के लिए आ'ला क़िस्म[2] के भौंकने और काटने की ताक़त अ'ता फ़रमाए तो जुनून[3]-ए-इन्तिक़ाम[4] मेरे पास काफ़ी मिक़दार में है। रफ़्ता-रफ़्ता[5] सब कुत्ते इ'लाज के लिए कसौली पहुँच जाएँ। एक शे'र है-

उर्फ़ी तू मेंदीश ज़ेग़ौग़ाए रक़ीबाँ[6]
आवाज़-ए-सगाँ[7] कम न कुनद रिज़्क़-ए-गदा रा

यही वो ख़िलाफ़-ए-फ़ितरत शाइ'री है जो एशिया के लिए बाइ'स-ए-नंग[8] है। अंग्रेज़ी में एक मस्ल है कि भौंकते हुए कुत्ते काटा नहीं करते। ये बजा सही, लेकिन कौन जानता है कि एक भौंकता हुआ कुत्ता कब भौंकना बन्द कर दे और काटना शुरू' कर दे?

---

1 समय 2 बेहतरीन क़िस्म के 3 दिवानगी, पागलपन 4 बदला लेना 5 धीरे-धीरे 6 प्रतिद्वंदी 7 कुत्ते की आवाज़ 8 शर्म का कारण

उर्दू की आख़िरी किताब

माँ की मुसीबत

माँ बच्चे को गोद में लिए बैठी है। बाप अंगूठा चूस रहा है और देख-देख कर ख़ुश होता है। बच्चा हस्ब-ए-मा'मूल आँखें खोले पड़ा है। माँ मुहब्बत भरी निगाहों से उसके मुँह को तक रही है और प्यार से हस्ब-ए-ज़ैल[1] बातें पूछती है:

1-वो दिन कब आएगा जब तू मीठी मीठी बातें करेगा?

2-बड़ा कब होगा? मुफ़स्सल[2] लिखो।

3-दूल्हा कब बनेगा और दुल्हन कब ब्याह कर लाएगा? इसमें शर्माने की ज़रूरत नहीं।

4-हम कब बुड्ढे होंगे?

5-तू कब कमाएगा?

6-आप कब खाएगा? और हमें कब खिलाएगा? बाक़ाइदा टाइम-टेबल बना कर वाज़ेह करो।

बच्चा मुस्कुराता है और कैलेंडर की मुख़्तलिफ़ तारीख़ों की तरफ़ इशारा करता है। तो माँ का दिल बाग़-बाग़[3] हो जाता है। जब नन्हा सा होंट निकाल-निकाल कर बाक़ी चेहरे से रोनी सूरत बनाता है तो ये बेचैन हो जाती है। सामने पंगूरा लटक रहा है। सुलाना हो तो अफ़ीम खिला कर उसमें लिटा देती है। रात को अपने साथ सुलाती है। (बाप के साथ दूसरा बच्चा सोता है) जाग उठता है तो झट चौंक पड़ती है

---

1 नीचे दिए गए 2 विस्तारपूर्ण 3 ख़ुश-ख़ुश

और मुहल्ले वालों से मुआ'फ़ी माँगती है। कच्ची नींद में रोने लगता है। तो बेचारी मामता की मारी आग जला कर दूध को उबाल देती है। सुब्ह जब बच्चे की आँख खुलती है तो आप भी उठ बैठती है। उस वक़्त तीन बजे का अ'मल होता है। दिन चढ़े मुँह धुलाती है। आँखों में काजल लगाती है और जी कड़ा कर के कहती है क्या चाँद सा मुखड़ा निकल आया। वाह वा!

खाना ख़ुद-ब-ख़ुद पक रहा है

देखना, बीवी आप बैठी पका रही है। वर्ना दर-अस्ल ये काम मियाँ का है। हर चीज़ क़रीने[1] से रक्खी है। धोए-धाए बर्तन संदूक़ पर चुने हैं ताकि संदूक़ न खुल सके। एक तरफ़ नीचे ऊपर मिट्टी के बर्तन धरे हैं। किसी में दाल है, किसी में आटा, किसी में चूहे। फुकनी और पानी का लोटा पास है ताकि जब चाहे आग जला ले, जब चाहे पानी डाल कर बुझा दे। आटा गुंधा रखा है। चावल पक चुके हैं। नीचे उतार कर रखे हैं। दाल चूल्हे पर चढ़ी है। ग़रज़ कि सब काम हो चुका है। लेकिन ये फिर भी पास बैठी है। मियाँ जब आता है तो खाना ला कर सामने रखती है। पीछे कभी नहीं रखती। खाना खा चुकता है तो खाना उठा लेती है। हर रोज़ यूँ न करे तो मियाँ के सामने हज़ारों रक़ाबियों[2] का ढेर लग जाए। खाने पकाने से फ़ारिग़ होती है तो कभी सीना ले बैठी है कभी चर्ख़ा कातने लगती है। क्यों न हो? महात्मा-गाँधी की बदौलत ये सारी बातें सीखी हैं। आप हाथ पाँव न हिलाए तो डाक्टर से इलाज करवाना पड़े।

धोबी आज कपड़े धो रहा है

बड़ी मेहनत करता है शाम को भट्टी चढ़ाता है, दिन भर बेकार बैठा रहता है। कभी-कभी बैल पर लादी लादता है और घाट का रस्ता

---

1 तरीक़े से 2 प्या

लेता है। कभी नाले पर धोता है कभी दरिया पर ताकि कपड़ों वाले कभी पकड़ न सकें। जाड़ा हो तो सर्दी सताती है, गर्मी हो तो धूप जलाती है। सिर्फ़. बहार के मौसम में काम करता है। दोपहर होने आई, अब तक पानी में खड़ा है। उसे ज़रूर सरसाम[1] हो जाएगा। दरख़्त के नीचे बैल बँधा है। झाड़ी के पास कुत्ता बैठा है। दरिया के उस पार एक गिलहरी दौड़ रही है। धोबी उन्हीं से अपना जी बहलाता है।

देखना धोबन रोटी लाई है। धोबी को बहाना हाथ आया है। कपड़ा पटरे पर रख कर उससे बातें करने लगा कुत्ते ने भी देख कर कान खड़े किए। अब धोबन गाना गाएगी। धोबी दरिया से निकलेगा। दरिया का पानी फिर नीचा हो जाएगा।

मियाँ धोबी! ये कुत्ता क्यों पाल रखा? साहब कहावत की वज्ह से और फिर ये तो हमारा चौकीदार है।

देखिए! अमीरों के कपड़े मैदान में फैले पड़े हैं। क्या मजाल कोई पास तो आ जाए। जो लोग एक दफ़्अ' कपड़े दे जाएँ फिर वापस नहीं ले जा सकते। मियाँ धोबी! तुम्हारा काम बहुत अच्छा है। मैल-कुचैल से पाक साफ़ करते हो। नंगा फिराते हो।

---

1 दिमाग़ के सूजन की एक बीमारी

मैं एक मियाँ हूँ

मैं एक मियाँ हूँ। मुती'-ओ-फ़रमाँ-बरदार[1]। अपनी बीवी रौशन आरा को अपनी ज़िन्दगी की हर एक बात से आगाह[2] रखना उसूल-ए-ज़िन्दगी समझता हूँ और हमेशा से इस पर कार-बन्द रहा हूँ। ख़ुदा मेरा अन्जाम बख़ैर करे।

चुनान्चे मेरी अह्लिया मेरे दोस्तों की तमाम आदात-व-ख़साएल से वाक़िफ़ हैं जिसका नतीजा ये है कि मेरे दोस्त जितने मुझ को अज़ीज़[3] हैं उतने ही रौशन आरा को बुरे लगते हैं। मेरे अहबाब[4] की जिन अदाओं ने मुझे मस्हूर[5] कर रखा है उन्हें मेरी अह्लिया[6] एक शरीफ़ इन्सान के लिए बाइस-ए-ज़िल्लत[7] समझती है।

आप कहीं ये न समझ लें कि ख़ुदा-नख़्वास्ता[8] वो कोई ऐसे आदमी हैं जिनका ज़िक्र किसी मुअज़्ज़ज़[9] मज्मे[10] में ना किया जा सके। कुछ अपने हुनर के तुफ़ैल[11] और कुछ ख़ाकसार[12] की सोह्बत[13] की बदौलत सब के सब ही सफ़ेदपोश[14] हैं। लेकिन इस बात को क्या करूँ कि उनकी दोस्ती मेरे घर के अम्न में इस क़दर ख़लल[15] अन्दाज़ होती है कि कुछ कह नहीं सकता।

मसलन मिर्ज़ा साहब ही को लीजिए। अच्छे ख़ासे और भले आदमी हैं। गो महकमा-ए-जंगलात[16] में एक मा'क़ूल[17] ओ'हदे[18] पर मुमताज़[19] हैं लेकिन शक्ल-ओ-सूरत ऐसी पाकीज़ा पाई है कि इमाम-ए-मस्जिद मा'लूम होते हैं। जुआ वो नहीं खेलते, गिल्ली-डंडे का उनको शौक़ नहीं,

---

1 आज्ञाकारी 2 सूचित 3 प्यारा 4 मित्र 5 मंत्रमुग्ध 6 बीवी 7 अपमान के कारण 8 अल्लाह न चाहे 9 संमानित 10 भीड़ 11 द्वारा 12 विनम्र 13 जलसा 14 सफ़ेद कपड़े पहनने वाला, कुलीन, शिक्षित और सभ्य व्यक्ति 15 बांधा 16 वन-विभाग 17 मोनाासिब 18 पद 19 प्रतिष्ठित

जेब कतरते हुए कभी वो नहीं पकड़े गए अलबत्ता कबूतर पाल रखे हैं। उन्हीं से जी बहलाते हैं। हमारी अह्लिया[1] की ये कैफ़ियत[2] है कि मुहल्ले का कोई बदमाश जुए में क़ैद हो जाए तो उसकी माँ के पास मातम-पुर्सी तक को चली जाती हैं। गिल्ली-डंडे में किसी की आँख फूट जाए तो मरहम पट्टी करती रहती हैं। कोई जेब-कतरा पकड़ा जाए तो घंटों आँसू बहाती रहती हैं लेकिन वो बुज़ुर्ग जिनको दुनिया भर की ज़बान मिर्ज़ा साहब, मिर्ज़ा साहब कहते थकती नहीं, हमारे घर में मू-ए-कबूतर-बाज़ के नाम से याद किए जाते हैं। कभी भूले से भी मैं आस्मान की तरफ़ नज़र उठा कर किसी चील, कौवे, गिद्ध, शिक्रे को देखने लग जाऊँ तो रौशन आरा को फ़ौरन ख़याल हो जाता है कि बस अब ये भी कबूतर-बाज़ बनने लगा।

इसके बाद मिर्ज़ा साहब की शान में एक क़सीदा शुरू होजाता है। बीच में मेरी जानिब गुरेज़[3]। कभी लम्बी बहर में कभी छोटी बहर में।

एक दिन जब ये वाक़िआ' पेश आया तो मैंने मुसम्मम[4] इरादा कर लिया कि इस मिर्ज़ा कम्बख़्त को कभी पास न फटकने दूँगा। आख़िर घर सब से मुक़द्दम[5] है। मियाँ-बीवी के बाहमी[6] इख़्लास[7] के मुक़ाबले में दोस्तों की ख़ुशनूदी[8] क्या चीज़ है? चुनान्चे हम ग़ुस्से में भरे हुए मिर्ज़ा साहब के घर गए। दरवाज़ा खटखटाया। कहने लगे, "अन्दर आ जाओ।" हम ने कहा, "नहीं आते। तुम बाहर आओ।" ख़ैर अन्दर गया। बदन पर तेल मल कर एक कबूतर की चोंच मुँह में लिए धूप में बैठे थे। कहने लगे, "बैठ जाओ।" हम ने कहा, "बैठेंगे नहीं।" आख़िर बैठ गए। मा'लूम होता है हमारे तेवर[9] कुछ बिगड़े हुए थे। मिर्ज़ा बोले, "क्यों भई! ख़ैर-बाशद[10]!" मैंने कहा' "कुछ नहीं।" कहने लगे, "इस वक़्त कैसे आना हुआ?"

---

1 पत्नी 2 वर्णन 3 बचना 4 निश्चित 5 पहले 6 आपस में 7 निश्छलता 8 प्रसन्नता 9 हाव भाव 10 सब ठीक तो है ना

अब मेरे दिल में फ़िक़रे[1] खौलने शुरू हुए। पहले इरादा किया कि एकदम ही सब कुछ कह डालो और चल दो। फिर सोचा कि मज़ाक़ समझेगा, इसलिए किसी ढंग से बात शुरू करो लेकिन समझ में न आया कि पहले क्या कहें। आख़िर हम ने कहा:

"मिर्ज़ा! भई कबूतर बहुत महंगे होते हैं।"

ये सुनते ही मिर्ज़ा साहिब ने चीन से लेकर अमरीका तक के तमाम कबूतरों को एक-एक कर के गिनवाना शुरू किया। इसके बाद दाने की महंगाई के मुतअ'ल्लिक़ गुल-अफ़्शानी[2] करते रहे और फिर महज़ महंगाई पर तक़रीर करने लगे। उस दिन तो हम यूँ ही चले आए लेकिन अभी खट-पट का इरादा दिल में बाक़ी था। ख़ुदा का करना क्या हुआ कि शाम को घर में हमारी सुल्ह[3] हो गई। हम ने कहा, "चलो अब मिर्ज़ा के साथ बिगाड़ने से क्या हासिल? चुनान्चे दूसरे दिन मिर्ज़ा से भी सुल्ह-सफ़ाई[4] हो गई।

लेकिन मेरी ज़िन्दगी तल्ख़[5] करने के लिए एक न एक दोस्त हमेशा कार-आमद[6] होता है। ऐसा मा'लूम होता है कि फ़ित्रत ने मेरी तबीअ'त में क़ुबूलियत और सलाहियत[7] कूट-कूट कर भर दी है क्योंकि हमारी अह्लिया को हममें हर वक़्त किसी न किसी दोस्त की आदात की झलक नज़र आती रहती है, यहाँ तक कि मेरी अपनी ज़ाती शख़्सी सीरत[8] बिल्कुल ही नापैद[9] हो चुकी है।

शादी से पहले हम कभी-कभी दस बजे उठा करते थे वर्ना ग्यारह बजे। अब कितने बजे उठते हैं? इसका अन्दाज़ा वही लोग लगा सकते हैं जिन के घर नाश्ता ज़बरदस्ती सुब्ह के सात बजे करा दिया जाता है और अगर हम कभी बशरी[10] कमज़ोरी के तक़ाज़े[11] से मुर्ग़ों की तरह

---

1 एक शब्द 2 फूल बिखेरना 3 समझौता 4 मेल मिलाप 5 कड़वा 6 उपादेय 7 क़ाबिलीयत 8 चरित्र 9 जो कभी पैदा ही न हुआ हो 10 मानुषिक 11 इच्छा

तड़के उठने में कोताही[1] करें तो फ़ौरन[2] कह दिया जाता है कि ये इस निखट्टू नसीम की सोहबत का नतीजा है। एक दिन सुब्ह-सुब्ह हम नहा रहे थे। सर्दी का मौसम, हाथ पाँव काँप रहे थे। साबुन सर पर मलते थे तो नाक में घुसता था कि इतने में हमने ख़ुदा जाने किस पुर-असरार[3] जज़्बे के मा-तहत[4] ग़ुस्ल-ख़ाने में अलापना शुरू किया और फिर गाने लगे कि "तोरी छल-बल है न्यारी..." इसको हमारी इन्तिहाई बद-मज़ाक़ी समझा गया और इस बद-मज़ाक़ी का अस्ल मम्बा हमारे दोस्त पण्डित जी को ठहराया गया।

लेकिन हाल ही में मुझ पर एक ऐसा सानिहा गुज़रा है कि मैंने तमाम दोस्तों को तर्क[5] कर देने की क़सम खा ली है।

तीन चार दिन का ज़िक्र है कि सुब्ह के वक़्त रौशन आरा ने मुझ से मायके जाने की इजाज़त मांगी। जब से हमारी शादी हुई है रौशन आरा सिर्फ़. दो दफ़्अ' मायके गई है और फिर उसने कुछ इस सादगी और इज्ज़[6] से कहा कि मैं इन्कार न कर सका। कहने लगी, "तो फिर मैं डेढ़ बजे की गाड़ी से चली जाऊँ।" मैंने कहा "और क्या?"

वह झट तैयारी में मशग़ूल[7] हो गई और मेरे दिमाग़ में आज़ादी के ख़यालात ने चक्कर लगाने शुरू किए। या'नी अब बेशक दोस्त आएँ, बेशक उधम मचाएँ, मैं बेशक गाऊँ, बेशक जब चाहूँ उठूँ। बेशक थियेटर जाऊँ। मैंने कहा :

"रौशन आरा जल्दी करो। नहीं तो गाड़ी छूट जाएगी।"

साथ स्टेशन पर गया। जब गाड़ी में सवार करा चुका तो कहने लगी, "ख़त ज़रूर लिखते रहिए!" मैंने कहा, "हर रोज़। और तुम भी!"

"खाना वक़्त पे खा लिया कीजिए और हाँ धुली हुई जुराबें और

---

1 कमी 2 तुरंत 3 छिपा हुआ 4 निगरानी में 5 छोड़ना 6 नम्रता 7 व्यस्त

रूमाल अलमारी के निचले ख़ाने में पड़े हैं।"

इसके बाद हम दोनों ख़ामोश हो गए और एक दूसरे के चेहरे को देखते रहे। उस की आँखों में आँसू भर आए। मेरा दिल भी बेताब[1] होने लगा और जब गाड़ी रवाना हुई तो मैं देर तक मब्हूत[2] प्लेट-फ़ार्म पर खड़ा रहा।

आख़िर आहिस्ता-आहिस्ता क़दम उठाता हुआ किताबों की दुकान तक आया और रिसालों के वरक़[3] पलट-पलट कर तस्वीरें देखता रहा। एक अख़बार ख़रीदा। तह करके जेब में डाला और आदत के मुताबिक़ घर का इरादा कर लिया।

फिर ख़याल आया कि अब घर जाना ज़रूरी नहीं। अब जहाँ चाहूँ जाऊँ,चाहूँ तो घंटों स्टेशन पर ही टहलता रहूँ। दिल चाहता था क़ुला-बाज़ियाँ[4] खाऊँ।

कहते हैं, जब अफ़्रीक़ा के वहशियों को किसी तहज़ीब-याफ़्ता[5] मुल्क में कुछ अ'र्से के लिए रखा जाता है तो वह वहाँ की शान-ओ-शौकत[6] से बहुत गुतअस्सिर[7] होते हैं। लेकिन जब वापस जंगलों में पहुँचते हैं तो ख़ुशी के मारे चीख़ें मारते हैं। कुछ ऐसी ही कैफ़ियत[8] मेरे दिल की भी हो रही थी। भागता हुआ स्टेशन से आज़ादाना बाहर निकला। आज़ादी के लहजे में तांगे वाले को बुलाया और कूद कर तांगे में सवार हो गया सिगरेट सुलगा लिया, टाँगें सीट पर फैला दीं और क्लब को रवाना हो गया।

रस्ते में एक बहुत ज़रूरी काम याद आ गया। ताँगा मोड़ कर घर की तरफ़ पलटा। बाहर ही से नौकर को आवाज़ दी।

"अमजद!"

---

1 बेचैनी 2 हैरान 3 पन्ना 4 छल फ़रेब 5 संस्कारी 6 ठाट-बाट 7 प्रभावित 8 हलात

"हुज़ूर!"

"देखो, हज्जाम को जा कर कह दो कि कल ग्यारह बजे आए।"

"बहुत अच्छा।"

"ग्यारह बजे। सुन लिया ना? कहीं रोज़ की तरह फिर छः बजे वारिद[1] न हो जाए।"

"बहुत अच्छा हुज़ूर।"

"और अगर ग्यारह बजे से पहले आए, तो धक्के दे कर बाहर निकाल दो।"

यहाँ से क्लब पहुँचे। आज तक कभी दिन के दो बजे क्लब ना गया था। अन्दर दाख़िल हुआ तो सुनसान, आदमी का नाम-ओ-निशान तक नहीं। सब कमरे देख डाले। बिलियर्ड का कमरा ख़ाली, शतरंज का कमरा ख़ाली। ताश का कमरा ख़ाली। सिर्फ़ खाने के कमरे में एक मुलाज़िम[2] छुरियाँ तेज़ कर रहा था। उससे पूछा "क्यूँ बे आज कोई नहीं आया?"

कहने लगा, "हुज़ूर! आप तो जानते ही हैं। इस वक़्त भला कौन आता है?"

बहुत मायूस[3] हुआ। बाहर निकल कर सोचने लगा कि अब क्या करूँ? और कुछ ना सूझा तो वहाँ से मिर्ज़ा साहब के घर पहुँचा। मा'लूम हुआ अभी दफ़्तर[4] से वापस नहीं आए। दफ़्तर पहुँचा, देख कर बहुत हैरान हुए। मैंने सब हाल बयान किया। कहने लगे, "तुम बाहर के कमरे में ठहरो, थोड़ा सा काम रह गया है। बस अभी भुगता के तुम्हारे साथ चलता हूँ। शाम का प्रोग्राम क्या है?"

---

1 आना 2 नौकर 3 निराश 4 कार्यालय

मैंने कहा, "थियेटर!"

कहने लगे, बस बहुत ठीक है, तुम बाहर बैठो। मैं अभी आया।"

बाहर के कमरे में एक छोटी सी कुर्सी पड़ी थी। उस पर बैठ कर इन्तिज़ार करने लगा और जेब से अख़बार निकाल कर पढ़ना शुरू कर दिया। शुरू' से आख़िर तक सब पढ़ डाला और अभी चार बजने में एक घंटा बाक़ी था। फिर से पढ़ना शुरू कर दिया। सब इश्तिहार[1] पढ़ डाले और फिर सब इश्तिहारों को दुबारा पढ़ डाला।

आख़िर कार अख़बार फेंक कर बग़ैर किसी तकल्लुफ़[2] या लिहाज़ के जमाइयाँ लेने लगा। जमाई पे जमाई, जमाई पे जमाई। हत्ता कि जबड़ों में दर्द होने लगा। उसके बाद टांगें हिलाना शुरू' किया लेकिन इस से भी थक गया। फिर मेज़ पर तबले की गतें बजाता रहा। बहुत तंग आ गया तो दरवाज़ा खोल कर मिर्ज़ा से कहा, "अबे यार! अब चलता भी है कि मुझे इन्तिज़ार ही में मार डालेगा, मर्दूद कहीं का। सारा दिन मेरा ज़ाया कर दिया।"

वहाँ से उठ कर मिर्ज़ा के घर गए। शाम बड़े लुत्फ़ में कटी। खाना क्लब में खाया और वहाँ से दोस्तों को साथ लिए थियेटर गए। रात के ढाई बजे घर लौटे। तकिए पर सर रखा ही था कि नींद ने बे-होश कर दिया।

सुब्ह आँख खुली तो कमरे में धूप लहरें मार रही थी। घड़ी को देखा तो पौने ग्यारह बजे थे। हाथ बढ़ा कर मेज़ पर से एक सिगरेट उठाया और सुलगा कर तश्तरी में रख दिया और फिर ऊँघने लगा।

ग्यारह बजे अमजद कमरे में दाख़िल हुआ कहने लगा, "हुज़ूर! हज्जाम आया है।"

---

1 प्रचार, प्रसार 2 संकोच

हम ने कहा, "यहीं बुला लाओ।" ये ऐश मुद्दत[1] के बाद नसीब हुआ कि बिस्तर में लेटे लेटे हजामत बनवा लें। इत्मिनान से उठे और नहा धो कर बाहर जाने के लिए तैयार हुए लेकिन तबीअ'त में वो शगुफ़्तगी[2] न थी जिसकी उम्मीद लगाए बैठे थे। चलते वक़्त अलमारी से रुमाल निकाला तो ख़ुदा जाने क्या ख़याल दिल में आया। वहीं कुर्सी पर बैठ गया और सौदाईयों की तरह उस रूमाल को तकता रहा। अलमारी का एक और ख़ाना खोला तो सुरमई[3] रंग का एक रेशमी दुपट्टा नज़र आया। बाहर निकाला। हल्की-हल्की अ'त्र की ख़ुशबू आ रही थी। बहुत देर तक उस पर हाथ फेरता रहा। दिल भर आया। घर सूना मा'लूम होने लगा। बहुतेरा अपने आप को संभाला लेकिन आँसू टपक ही पड़े। आँसूओं का गिरना था कि बेताब हो गया और सच-मुच रोने लगा। सब जोड़े बारी-बारी निकाल कर देखे लेकिन न मा'लूम क्या-क्या याद आया कि और भी बेक़रार[4] होता गया।

आख़िर न रहा गया, बाहर निकला और सीधा तार-घर पहुँचा। वहाँ से तार दिया कि, "मैं बहुत उदास हूँ तुम फ़ौरन आ जाओ!"

तार देने के बाद दिल को इत्मिनान हुआ। यक़ीन था कि रौशन आरा अब जिस क़दर जल्द हो सकेगा आ जाएगी। इससे कुछ ढारस बँध गई और दिल पर से जैसे एक बोझ हट गया।

दूसरे दिन दोपहर को मिर्ज़ा के मकान पर ताश का मार्का गर्म होना था। वहाँ पहुँचे तो मा'लूम हुआ कि मिर्ज़ा के वालिद से कुछ लोग मिलने आए हैं। इसलिए तज्वीज़[5] ये ठहरी कि यहाँ से किसी और जगह सरक चलो। हमारा मकान तो ख़ाली था ही। सब यार लोग वहीं जमा हुए। अमजद से कह दिया गया कि हुक़्क़े में अगर ज़रा भी ख़लल[6] वाक़े' हुआ तो तुम्हारी ख़ैर नहीं और पान इस तरह से मुतवातिर[7] पहुँचते रहें

---

1 बहुत समय 2 उत्साह 3 सुरमे के रंग का 4 बेचैन 5 उपाय 6 बाधा 7 लगातार

कि बस तांता लग जाए।

अब उसके बाद के वाक़िआ'त[1] को कुछ मर्द ही अच्छी तरह समझ सकते हैं। शुरू'-शुरू' में तो ताश बाक़ाइदा और बाज़ाब्ता[2] होता रहा। जो खेल भी खेला गया बहुत माक़ूल[3] तरीक़े से, क़वाइद-ओ-ज़वाबित[4] के मुताबिक़ और मतानत-ओ-संजीदगी[5] के साथ लेकिन एक दो घंटे के बाद कुछ ख़ुश-तबई'[6] शुरू हुई। यार लोगों ने एक दूसरे के पत्ते देखने शुरू कर दिए। ये हालत थी कि आँख बची नहीं और एक आध काम का पत्ता उड़ा नहीं और साथ ही क़हक़हे पर क़हक़हे उड़ने लगे। तीन घंटे के बाद ये हालत थी कि कोई घुटना हिला-हिला कर गा रहा है, कोई फ़र्श पर बाज़ू टेके सीटी बजा रहा है, कोई थियेटर का एक आध मज़ाक़िया फ़िक़रा[7] लाखों दफ़्अ' दोहरा रहा है लेकिन ताश बराबर हो रहा है। थोड़ी देर के बाद धौल-धप्पा शुरू हो गया। इन ख़ुश-फ़े'लियों[8] के दौरान में एक मसख़रे[9] ने एक ऐसा खेल तज्वीज़[10] कर दिया जिसके आख़िर में एक आदमी बादशाह बन जाता है, दूसरा वज़ीर, तीसरा कोतवाल और जो सब से हार जाए वो चोर। सब ने कहा, "वाह! वा क्या बात कही है।" एक बोला, "फिर आज जो चोर बना, उसकी शामत[11] आ जाएगी।" दूसरे ने कहा, "और नहीं तो क्या। भला कोई ऐसा वैसा खेल है। सल्तनतों के मामले हैं, सल्तनतों के!"

खेल शुरू हुआ। बद-क़िस्मती से हम चोर बन गए। तरह तरह की सज़ाएँ तज्वीज़ होने लगीं। कोई कहे, "नंगे पाँव भागता हुआ जाए और हलवाई की दुकान से मिठाई ख़रीद के लाए।" कोई कहे, "नहीं हुज़ूर! सब के पाँव पड़े और हर एक से दो दो चाँटे खाए।" दूसरे ने कहा, "नहीं साहब, एक पाँव पर खड़ा हो कर हमारे सामने नाचे।" आख़िर में बादशाह सलामत बोले, "हम हुक्म देते हैं कि चोर को काग़ज़ की

---

1 घटना 2 नियमपूर्वक 3 उचित 4 क़ानूनी तौर पर 5 शालीनता 6 सुशील 7 शब्द 8 अच्छे काम 9 मज़ाक़. 10 उपाय 11 मौत

एक लंबोतरी नोक-दार टोपी पहनाई जाए और उसके चेहरे पर स्याही मल दी जाए और ये इसी हालत में जाकर अन्दर से हुक़्क़े की चिलिम भर कर लाए।" सब ने कहा, "क्या दिमाग़ पाया है हुजूर ने! क्या सज़ा तज्वीज़ की है। वाह वा।"

हम भी मज़े में आए हुए थे। हमने कहा, "तो हुआ क्या? आज हम हैं कल किसी और की बारी आ जाएगी।" निहायत ख़न्दा-पेशानी[1] से अपने चेहरे को पेश किया। हँस-हँस कर वो बेहूदा सी टोपी पहनी। एक शान-ए-इस्तिग़ना[2] के साथ चिलम उठाई और ज़नाने का दरवाज़ा खोल कर बावर्चीख़ाने को चल दिए और हमारे पीछे कमरा क़हक़हों से गूँज रहा था।

सहन में पहुँचे ही थे कि बाहर का दरवाज़ा खुला और एक बुर्क़ा-पोश[3] ख़ातून अन्दर दाख़िल हुई। मुँह से बुर्क़ा उल्टा तो रौशन आरा!

दम ख़ुश्क[4] हो गया। बदन पर एक लर्ज़ा[5] सा तारी[6] हो गया। ज़बान बन्द हो गई। सामने वो रौशन आरा जिस को मैंने तार दे कर बुलाया था कि, "तुम फ़ौरन आ जाओ। मैं बहुत उदास हूँ।" और अपनी ये हालत कि मुँह पर सियाही मली है, सर पर वो लंबोतरी सी काग़ज़ की टोपी पहन रखी है और हाथ में चिलम उठाए खड़े हैं और मर्दाने कमरे से क़हक़हों का शोर बराबर आ रहा है।

रूह मुंजमिद[7] हो गई और तमाम हवास ने जवाब दे दिया। रौशन आरा कुछ देर तक चुपकी खड़ी देखती रही और फिर कहने लगी... बस मैं क्या बताऊँ कि क्या कहने लगी? उसकी आवाज़ तो मेरे कानों तक जैसे बेहोशी के आ'लम में पहुँच रही थी।

---

1 हंसमुख चेहरा 2 संतोषी की महिमा 3 नक़ाप लगाए हुए औ'रत 4 सूखा 5 काँपना 6 छा जाना 7 ठहरे हुए

अब तक आप इतना तो जान ही गए होंगे कि मैं बज़ात-ए-ख़ुद अज़ हद शरीफ़ वाक़े' हुआ हूँ। जहाँ तक मैं मैं हूँ। मुझसे बेहतर मियाँ दुनिया पैदा नहीं कर सकती। मेरी ससुराल में सब की यही राय है और मेरा अपना ईमान भी यही है लेकिन इन दोस्तों ने मुझे रुसवा कर दिया है। इसलिए मैंने मुसम्मम[1] इरादा कर लिया है कि अब या घर में रहूँगा या काम पर जाया करूँगा। न किसी से मिलूँगा और न किसी को अपने घर आने दूँगा सिवाए डाकिए या हज्जाम के, और उनसे भी निहायत मुख़्तसर[2] बातें करूँगा।

"ख़त है?"

"जी हाँ।"

"दे जाओ। चले जाओ।"

"नाख़ुन तराश[3] दो।"

"भाग जाओ।"

बस इससे ज़ियादा कलाम न करूँगा। आप देखिए तो सही!

---

1 पक्का इरादा 2 छोटा 3 काटना

मुरीदपुर का पीर

अक्सर लोगों को इस बात का ता'ज्जुब[1] होता है कि मैं अपने वतन का ज़िक्र कभी नहीं करता। बा'ज़ इस बात पर भी हैरान हैं कि मैं अब कभी अपने वतन को नहीं जाता। जब कभी लोग मुझसे इसकी वज्ह पूछते हैं तो मैं हमेशा बात टाल देता हूँ। इससे लोगों को तरह तरह के शुबहात[2] होने लगते हैं। कोई कहता है वहाँ इस पर एक मुक़दमा बन गया था, इसकी वज्ह से रु-पोश है। कोई कहता है वहाँ कहीं मुलाज़िम[3] था, ग़बन[4] का इल्ज़ाम लगा, हिज्रत[5] करते ही बनी। कोई कहता है वालिद उसकी बद-उ'नवानियों[6] की वज्ह से घर में नहीं घुसने देते। ग़रज़ ये कि जितने मुँह उतनी बातें। आज मैं इन सब ग़लत फ़हमियों[7] का इज़ाला[8] करने वाला हूँ। ख़ुदा आप पढ़ने वालों को इन्साफ़ की तौफ़ीक़[9] दे।

क़िस्सा मेरे भतीजे से शुरू' होता है। मेरा भतीजा देखने में आ'म भतीजों से मुख़्तलिफ़ नहीं। मेरी तमाम खूबियाँ उसमें मौजूद हैं और इसके अ'लावा नई पौद से तअ'ल्लुक़ रखने के बाइस उसमें बा'ज़ फ़ालतू औसाफ़[10] नज़र आते हैं। लेकिन एक सिफ़त तो इसमें ऐसी है कि आज तक हमारे ख़ानदान में इस शिद्दत[11] के साथ कभी रुनुमा[12] नहीं हुई थी। वो ये कि बड़ों की इज़्ज़त करता है और मैं तो उसके नज़्दीक बस इ'ल्म-ओ-फ़न का एक देवता हूँ। ये ख़ब्त[13] उसके दिमाग़ में क्यों समाया है? उसकी वज्ह मैं यही बता सकता हूँ कि निहायत आ'ला[14] से आ'ला

---

1 आश्चर्य 2 शक 3 नौकर 4 घोटाला 5 तोहमत 6 कदाचार 7 बदगुमानी 8 ख़त्म करना 9 सामर्थ्य 10 ख़ूबियाँ 11 तेज़ी 12 दिखाई देना 13 दीवानगी 14 बेहतरीन

ख़ानदानों में भी कभी-कभी ऐसा देखने में आ जाता है। मैं शाइस्ता[1] से शाइस्ता विद्वानों के फ़रज़न्द[2] को बा'ज़ वक़्त बुजुर्गों का इस क़दर एहतिराम करते देखा कि उन पर नीच ज़ात का धोका होने लगता है।

एक साल मैं कांग्रेस के जल्से में चला गया। बल्कि ये कहना सही होगा कि कांग्रेस का जल्सा मेरे पास चला आया। मत्लब ये कि जिस शह्र में, मैं मौजूद था वहीं कांग्रेस वालों ने भी अपना सालाना इज्लास मुनअ'क़िद[3] करने की ठान ली। मैं पहले भी अक्सर जगह ऐ'लान कर चुका हूँ और अब भी मैं ब-बांग-ए-दुहल ये कहने को तैयार हूँ कि इसमें मेरा ज़रा भी क़ुसूर न था। बा'ज़ लोगों को ये शक है कि मैंने महज़ अपनी तस्कीन-ए-नख़्वत[4] के लिए कांग्रेस का जल्सा अपने पास ही करा लिया। लेकिन ये महज हासिदों[5] की बद-नियती है। भांडों को मैं ने अक्सर शह्र में बुलवाया है। दो एक मर्तबा बा'ज़ थियेटरों को भी दावत दी है लेकिन कांग्रेस के मुक़ाबले में मेरा रवय्या हमेशा एक गुमनाम शह्री का सा रहा है। बस इस से ज़ियादा मैं इस मौज़ू पर कुछ न कहूंगा।

जब कांग्रेस का सालाना जल्सा बग़ल में हो रहा हो तो कौन ऐसा मुत्तक़ी[6] होगा जो वहाँ जाने से गुरेज़[7] करे। ज़माना भी ता'तीलात[8] और फ़ुर्सत का था चुनान्चे मैंने शग़ल-ए-बेकारी[9] के तौर पर उस जल्से की एक-एक तक़रीर सुनी। दिन भर तो जल्से में रहता। रात को घर आ कर उस दिन के मुख़्तसर से हालात अपने भतीजे को लिख भेजता ताकि सनद रहे और वक़्त-ए-ज़रूरत काम आए।

बाद के औक़ात से मा'लूम होता है कि भतीजे साहब मेरे हर ख़त को बेहद अदब-ओ-एहतिराम[10] के साथ खोलते, बल्कि बा'ज़-बा'ज़ बातों से तो ज़ाहिर होता है कि उस इफ़्तिताही[11] तक़रीब से पेशतर[12] वो बाक़ाइदा वज़ू भी कर लेते। ख़त को ख़ुद पढ़ते फिर दोस्तों को सुनाते,

---

1 सुशील 2 बेटा 3 स्थापित 4 अहं की तुष्टि 5 ईर्ष्या करने वाला 6 इंद्रियनिग्रही 7 बचना 8 छुट्टियाँ 9 बेकार काम 10 सम्मान 11 शुरूआत 12 पूर्वता, पहले

फिर अख़बारों के एजेन्ट की दुकान पर मक़ामी लाल भुजक्कड़ों के हल्क़े में उसको ख़ूब बढ़ा चढ़ा कर दोहराते फिर मक़ामी अख़बार के बे-हद मक़ामी एडिटर के हवाले कर देते जो उसे बड़े एहतिमाम[1] के साथ छाप देता। उस अख़बार का नाम मुरीद पुर गज़ट है। उसका मुकम्मल फ़ाइल किसी के पास मौजूद नहीं, दो महीने तक जारी रहा। फिर बा'ज़ माली मुश्किलात की वज्ह से बन्द हो गया। एडिटर साहब का हुलिया हस्ब-ए-ज़ैल[2] है। रंग गंदुमी, गुफ़्तुगू फ़ल्सफ़ियाना, शक्ल से चोर मा'लूम होते हैं। किसी साहब को उनका पता मा'लूम हो तो मुरीदपुर की ख़िलाफ़त[3] कमेटी को इत्तिला पहुँचा दें और इन्दल्लाह माजूर[4] हों। नीज़ कोई साहब उनको हर्गिज़-हर्गिज़ कोई चन्दा न दें वर्ना ख़िलाफ़त कमेटी ज़िम्मेदार न होगी।

ये भी सुनने में आया है कि उस अख़्बार ने मेरे उन ख़ुतूत के बल पर एक कांग्रेस नम्बर भी निकाल मारा, जो इतनी बड़ी ता'दाद में छपी कि उसके औराक़[5] अब तक बा'ज़ पंसारियों की दुकानों पर नज़र आते हैं। बहर-हाल मुरीदपुर के बच्चे-बच्चे ने मेरी क़ाबिलियत-ए-इंशा पर्दाज़ी, सहीहुद्दिमाग़ी और जोश-ए-क़ौमी की दाद दी। मेरी इजाज़त और मेरे इ'ल्म के बग़ैर मुझको मुरीदपुर का क़ौमी लीडर क़रार दिया गया। एक दो शाइ'रों ने मुझ पर नज़्में भी लिखीं जो वक़्तन-फ़क़्तन[6] मुरीदपुर गज़ट में छपती रहीं।

मैं अपनी इस इ'ज़्ज़त अफ़्ज़ाई[7] से महज़ बे-ख़बर था। सच है ख़ुदा जिसको चाहता है इ'ज़्ज़त बख़्शता है। मुझे मा'लूम न था कि मैंने अपने भतीजे को महज़ चन्द ख़ुतूत लिख कर अपने हम वतनों के दिल में इस क़दर घर कर लिया है और किसी को क्या मा'लूम था कि ये मा'मूली

---

1 आयोजन 2 नीचे दिए गए 3 उत्तराधिकार 4 अल्लाह के नज़दीक सवाब दिया जाना 5 पन्ने 6 कभी-कभार 7 बढ़ाना

सा इन्सान जो हर रोज़ चुप-चाप सर नीचा किए बाज़ार में से गुज़र जाता है, मुरीदपुर में पूजा जाता है। मैं वो ख़ुतूत लिखने के बाद कांग्रेस और उसके तमाम मुतअ'ल्लिक़ात को क़तअन[1] फ़रामोश[2] कर चुका था। मुरीदपुर गज़ट का मैं ख़रीदार न था, भतीजे ने मेरी बुज़ुर्गी के रोब की वज्ह से भी बर-सबील-ए-तज्किरा[3] इतना भी न लिख भेजा कि आप लीडर हो गए हैं। मैं जानता हूँ कि वह मुझसे यूँ कहता तो बरसों तक उसकी बात मेरी समझ में न आती बहर-हाल मुझे कुछ तो मा'लूम होता कि मैं तरक़्क़ी करके कहाँ से कहाँ पहुँच चुका हूँ।

कुछ अ'र्से बाद ख़ून की ख़राबी की वज्ह से मुल्क में जा-बजा[4] जल्से निकल आए। जिस किसी को एक मेज़ एक कुर्सी और गुल्दान मयस्सर[5] आया उसी ने जल्से का ए'लान कर दिया। जल्सों के उस मौसम में एक दिन मुरीदपुर की अन्जुमन-ए-नौजवानान-ए-हिंद[6] की तरफ़ से मेरे नाम उस मज़्मून[7] का एक ख़त मौसूल हुआ कि "आपके शह्‌र के लोग आप के दीदार के मुंतज़िर हैं। हर कि वमा आप के रू-ए-अनवर को देखने और आपके पाकीज़ा ख़यालात से मुस्तफ़ीद[8] होने के लिए बे-ताब हैं। माना मुल्क भर को आप की ज़ात-ए-बा-बरकात की अज़-हद ज़रूरत है, लेकिन वतन का हक़ सब से ज़ियादा है क्योंकि ख़ार-ए-वतन अज़-संुबुल-ओ-रौहाँ ख़ुश्तर....इसी तरह की तीन चार बराहीन-ए-क़ाते'[9] के बाद मुझसे ये दरख़्वास्त की गई थी कि आप यहाँ आ कर लोगों को हिंदू-मुस्लिम इत्तिहाद की तल्क़ीन[10] करें।"

ख़त पढ़ कर मेरी हैरत की कोई इन्तिहा न रही लेकिन जब ठंडे दिल से इस बात पर ग़ौर किया तो रफ़्ता-रफ़्ता बाशिंदगान-ए-मुरीदपुर[11] की मर्दुम-शनासी[12] का क़ाइल[13] हो गया।

---

1 कदापि 2 भूलना 3 चर्चा के ज़रिए 4 जगह-जगह 5 उपलब्ध 6 हिन्दुस्तान के युवा संगठन 7 विषय 8 लाभ उठाना 9 क़तई और यक़ीनी दलायल 10 सिखाना 11 मुरीदपुर के निवासी लोग 12 अच्छे बुरे आदमी की पहचान 13 मानने वाला

मैं एक कमज़ोर इन्सान हूँ और फिर लीडरी का नशा एक लम्हे ही में चढ़ जाता है। उस लम्हे के अन्दर मुझे अपना वतन बहुत ही प्यारा मा'लूम होने लगा। अह्ल-ए-वतन[1] की बे-हिसी[2] पर बड़ा तरस आया। एक आवाज़ ने कहा कि इन बे-चारों की बहबूद[3] और रहनुमाई का ज़िम्मेदार तू ही है। तुझे ख़ुदा ने तदब्बुर[4] की क़ुव्वत बख़्शी है। हज़ार-हा इन्सान तेरे मुंतज़िर हैं। उठ कि सैकड़ों लोग तेरे लिए मा-हज़र लिए बैठे होंगे। चुनान्चे मैंने मुरीदपुर की दा'वत क़ुबूल कर ली और लीडराना अन्दाज़ में ब-ज़रिया-ए-तार इत्तिला दी कि पंद्रह दिन के बाद फ़लाँ ट्रेन से मुरीदपुर पहुँच जाऊँगा। स्टेशन पर कोई शख़्स न आए। हर एक शख़्स को चाहिए कि अपने-अपने काम में मसरूफ़[5] रहे। हिंदुस्तान को इस वक़्त अ'मल की ज़रूरत है।

उसके बाद जल्से के दिन तक मैंने अपनी ज़िन्दगी का एक-एक लम्हा अपनी होने वाली तक़रीर की तैयारी में सर्फ़ कर दिया। तरह-तरह के फ़िक़रे दिमाग़ में सुब्ह-ओ-शाम फिरते रहे।

हिंदू और मुस्लिम भाई-भाई हैं।

हिंदू-मुस्लिम शीर-ओ-शकर हैं।

हिंदुस्तान की गाड़ी के दो पहिए। ऐ मेरे दोस्तो! हिंदू और मुसलमान ही तो हैं।

जिन क़ौमों ने इत्तिफ़ाक़ की रस्सी को मज़बूत पकड़ा, वो इस वक़्त तहज़ीब[6] के निस्फ़-उन-निहार[7] पर हैं। जिन्होंने निफ़ाक़[8] और फूट की तरफ़ रुजू[9] किया, तारीख़ ने उनकी तरफ़ से अपनी आँखें बन्द कर ली हैं। वग़ैरा वग़ैरा।

बचपन के ज़माने में किसी दर्सी किताब में सुना है कि दो बैल

---

1 देस के लोग 2 एहसास का अभाव 3 कामयाबी 4 विचारना 5 व्यस्त 6 सभ्यता 7 आधा दिन 8 द्वेषपूर्ण 9 लौटना, वापस होना

रहते थे एक जा वाला वाक़िया पढ़ा था, उसे निकाल कर नए सिरे से पढ़ा और उसकी तमाम तफ़सीलात को नोट कर लिया। फिर याद आया कि एक और कहानी भी पढ़ी थी, जिसमें एक शख़्स मरते वक़्त अपने तमाम लड़कों को बुला कर लकड़ियों का एक गट्ठा उनके सामने रख देता है और उनसे कहता है कि इस गट्ठे को तोड़ो। वह तोड़ नहीं सकते। फिर उस गट्ठे को खोल कर एक-एक लकड़ी उन सबके हाथ में दे देता है जिसे वो आसानी से तोड़ लेते हैं, इस तरह वो इत्तिफ़ाक़ का सबक़ अपनी औलाद के ज़ेहन-नशीन[1] कराता है। उस कहानी को भी लिख लिया। तक़रीर का आग़ाज़[2] सोचा। सो कुछ इस तरह की तम्हीद[3] मुनासिब मा'लूम हुई कि

प्यारे, हम वतनो!

घटा सर पे अदबार[4] की छा रही है
फ़लाकत[5] समां[6] अपना दिखला रही है
नहूसत पस-ओ-पेश[7] मंडला रही है
ये चारों तरफ़ से निदा आ रही है
कि कल कौन थे आज क्या हो गए तुम
अभी जागते थे अभी सो गए तुम

हिंदुस्तान के जिस माया-ए-नाज़[8] शाइ'र या'नी अल्ताफ़ हुसैन हाली पानीपती ने आज से कई बरस पेश्तर[9] ये अशआ'र क़लम-बन्द किए थे, उसको क्या मा'लूम था कि जूँ-जूँ ज़माना गुज़रता जाएगा उसके ये अलमनाक[10] अल्फ़ाज़ रोज़-ब-रोज़ सही तर होते जाएँगे। आज हिंदुस्तान की ये हालत है... वग़ैरा वग़ैरा।"

---

1 जेहन में बैठा लेना 2 शुरुआत 3 प्राक्कथन 4 दरिद्रता 5 दुर्भाग्य 6 मौसम 7 आगे-पीछे 8 जिस पर गर्व किया जा सके 9 पहले 10 दर्दनाक

उसके बाद सोचा कि हिंदुस्तान की हालत का एक दर्दनाक नक़्शा खींचूँगा। इफ़्लास[1], ग़ुर्बत[2], बुग़्ज़[3] वग़ैरा की तरफ़ इशारा करूँगा और फिर पूछूँगा कि इसकी वज्ह आख़िर क्या है? इन तमाम वुजूह को दो-हराऊँगा जो लोग अक्सर बयान करते हैं। मसलन ग़ैर मुल्की हुकूमत, आब-ओ-हवा[4], मग़रिबी तहज़ीब[5], लेकिन उन सबको बारी-बारी ग़लत क़रार दूँगा और फिर अस्ली वज्ह बताऊँगा कि अस्ली वज्ह हिंदुओं और मुसलमानों का निफ़ाक़[6] है। आख़िर में इत्तिहाद[7] की नसीहत करूँगा और तक़रीर को इस शे'र पर ख़त्म करूँगा कि,

आ अंदलीब[8] मिल के करें आह-ओ-ज़ारियाँ[9]

तू हाय गुल पुकार मैं चिल्लाऊँ हाय दिल

दस-बारह दिन अच्छी तरह ग़ौर कर लेने के बाद मैंने इस तक़रीर का एक ख़ाका सा बना लिया और उस को एक काग़ज़ पर नोट कर लिया ताकि जल्से में उसे अपने सामने रख सकूँ। वो ख़ाका कुछ इस तरह का था,

(1) तम्हीद: अशआ'र-ए-हाली (बुलन्द और दर्दनाक आवाज़ से पढ़ो)

(2) हिंदुस्तान की मौजूदा हालत

(अलिफ़) इफ़्लास

(ब) बुग़्ज़

(ज) क़ौमी रहनुमाओं की ख़ुदग़र्ज़ी

(3) इसकी वज्ह

क्या ग़ैर-मुल्की हुकूमत है? नहीं।

---

1 ग़रीबी 2 ग़रीबी 3 छलकपट 4 हवा और पानी 5 सभ्यता 6 द्वेषपूर्ण 7 एकता 8 बुलबुल 9 रोना-धोना

क्या आब-ओ-हवा है? नहीं।

क्या मग़रिबी तहज़ीब[1] है? नहीं।

तो फिर क्या है? (वक़्फ़ा, जिसके दौरान में मुस्कुराते हुए तमाम हाज़िरीन-ए-जल्सा पर एक नज़र डालो)

(4) फिर बताओ, कि वज्ह हिंदुओं और मुसलमानों का निफ़ाक़ है। (ना'रों के लिए वक़्फ़ा) उसका नक़्शा खींचो। फ़सादात वग़ैरा का ज़िक्र रिक़्क़त-अंगेज़[2] आवाज़ में करो।

(उसके बाद शायद फिर चन्द नारे बुलन्द हों, उनके लिए ज़रा ठहर जाओ)

(5) ख़ात्मा। आम नसाएह। ख़ुसूसन इत्तिहाद की तल्क़ीन[3] (शे'र)

(उसके बाद इन्किसार के अन्दाज़ में जा कर अपनी कुर्सी पर बैठ जाओ और लोगों की दाद के जवाब में एक-एक लम्हे के बाद हाज़िरीन को सलाम करते रहो)

उस ख़ाके के तैयार कर चुकने के बाद जल्से के दिन तक हर रोज़ उस पर एक नज़र डालता रहा और आईने के सामने खड़े हो कर बा'ज़ मार्का आरा फ़िक़रों[4] की मश्क़ करता रहा। उसके बाद की मुस्कुराहट की ख़ास मश्क़ बहम पहुँचाई। खड़े हो कर दाएं से बाएं और बाएं से दाएँ घूमने की आ'दत डाली ताकि तक़रीर के दौरान आवाज़ सब तरफ़ पहुँच सके और सब इत्मिनान के साथ एक-एक लफ़्ज़ सुन लें।

मुरीदपुर का सफ़र आठ घंटे का था। रस्ते में सांगा के स्टेशन पर गाड़ी बदलनी पड़ती थी। अन्जुमन-ए-नौजवानान-ए-हिंद[5] के बा'ज़ जोशीले अरकान वहाँ इस्तिक़बाल[6] को आए हुए थे। उन्होंने हार पहनाए और कुछ फल वग़ैरा खाने को दिए। सांगा से मुरीदपुर तक उनके

---

1 पश्चिमी सभ्यता 2 आंसू बहाना 3 सिखाना 4 शब्दों 5 हिन्दुस्तान के युवा संगठन 6 स्वागत

साथ अहम सियासी मसाइल पर बहस करता रहा। जब गाड़ी मुरीदपुर पहुँची तो स्टेशन के बाहर कम-अज़-कम तीन हज़ार आदमियों का हुजूम[1] था जो मुतवातिर[2] ना'रे लगा रहा था। मेरे साथ जो वॉलंटियर थे उन्होंने कहा, सर बाहर निकालिए। लोग देखना चाहते हैं। मैंने हुक्म की ता'मील[3] की। हार मेरे गले में थे। एक संगतरा मेरे हाथ में था। मुझे देखा तो लोग और भी जोश के साथ ना'रा-ज़न[4] हुए। बमुश्किल तमाम बाहर निकला। मोटर में मुझे सवार कराया गया और जुलूस जल्सा-गाह की तरफ़ चला।

जल्सा-गाह में दाख़िल हुए तो हुजूम पाँच छः हज़ार तक पहुँच चुका था। जो एक आवाज़ हो कर मेरा नाम ले लेकर नारे लगा रहा था। दाएँ-बाएँ, सुर्ख़-सुर्ख़[5] झंडों पर मुझ ख़ाक्सार[6] की ता'रीफ़ में चन्द कलिमात[7] भी दर्ज थे। मसलन "हिंदुस्तान की निजात तुम्हीं से है, मुरीदपुर के फ़र्ज़न्द[8] ख़ुश-आमदीद, हिंदुस्तान को इस वक़्त अ'मल की ज़रूरत है।

मुझको स्टेज पर बिठाया गया। सद्र-ए-जल्सा ने लोगों के सामने मुझसे दोबारा मुसाफ़ह किया और मेरे हाथ को बोसा दिया और फिर अपनी तआ'रुफ़ी[9] तक़रीर यूँ शुरू की,

हज़रात! हिंदुस्तान के जिस नामी और बुलन्द लीडर को आजके जल्से में तक़रीर करने के लिए बुलाया गया है...

तक़रीर का लफ़्ज़ सुनकर मैंने अपनी तक़रीर के तम्हीदी[10] फ़िक़रों[11] को याद करने की कोशिश की। लेकिन उस वक़्त ज़हन इस क़दर मुख़्तलिफ़ तास्सुरात की आमाज-गाह[12] बना हुआ था कि नोट देखने की ज़रूरत पड़ी। जेब में हाथ डाला तो नोट नदारद[13]। हाथ पाँव

---

1 भीड़ 2 लगातार 3 मानना 4 नारा लगाने वाला 5 लाल-लाल 6 विनम्र 7 बातें 8 बेटा 9 परिचय कराना 10 शुरुआती 11 शब्दों 12 लक्ष्य का स्थान 13 लुप्त

में यक-लख़्त[1] एक ख़फ़ीफ़[2] सी ख़ुन्की[3] महसूस हुई। दिल को सँभाला कि ठहरो, अभी और कई जेबें हैं घबराओ नहीं। रअ'शे के आ'लम में सब जेबें देख डालीं लेकिन काग़ज़ कहीं न मिला। तमाम हॉल आँखों के सामने चक्कर खाने लगा। दिल ने ज़ोर-ज़ोर से धड़कना शुरू' कर दिया। होंट ख़ुश्क[4] होते महसूस हुए। दस बारह दफ़्अ' जेबों को टटोला लेकिन कुछ भी हाथ न आया। जी चाहा कि ज़ोर-ज़ोर से रोना शुरू कर दूँ। बे-बसी के आ'लम में होंट काटने लगा। सद्र-ए-जल्सा अपनी तक़रीर बराबर कर रहे थे,

मुरीदपुर का शह्र इन पर जितना भी फ़ख़्र करे कम है। हर सदी और हर मुल्क में सिर्फ़. चन्द ही आदमी ऐसे पैदा होते हैं जिनकी ज़ात नौ-ए-इन्सान के लिए...

ख़ुदाया! अब मैं क्या करूँगा? एक तो हिंदुस्तान की हालत का नक़्शा खींचना है। उससे पहले ये बताना है कि हम कितने नालायक़ हैं। नालायक़ का लफ़्ज़ ग़ैर मौज़ूँ होगा। जाहिल कहना चाहिए। ये ठीक नहीं, ग़ैर मुहज़्ज़ब[5]।

इनकी आ'ला सियासत-दानी[6], इनका क़ौमी जोश और मुख़्लिसाना[7] हमदर्दी से कौन वाक़िफ़[8] नहीं। ये सब बातें तो ख़ैर आप जानते हैं लेकिन तक़रीर करने में जो मल्का[9] इन को हासिल है...

हाँ वो तक़रीर कहाँ से शुरू होती है? हिंदू-मुस्लिम इत्तिहाद पर तक़रीर, चन्द नसीहतें ज़रूर करनी हैं लेकिन वो तो आख़िर में हैं। वो बीच में मुस्कुराना कहाँ था?

मैं आप को यक़ीन दिलाता हूँ कि आप के दिल हिला देंगे और आप

---

1 अचानक 2 हलका 3 सर्दी 4 सूखा 5 संस्कारी 6 राजनीति जानना 7 निश्छलतापूर्ण 8 जानकार 9 इलम-ओ-हुनर

को ख़ून के आँसू रुलाएँगे...

सद्र-ए-जल्सा की आवाज़ नारों में डूब गई । दुनिया मेरी आँखों के सामने तारीक[1] हो रही थी। इतने में सद्र ने मुझसे कुछ कहा मुझे अल्फ़ाज़ बिल्कुल सुनाई न दिए। इतना महसूस हुआ कि तक़रीर का वक़्त सर पर आन पहुँचा है और मुझे अपनी नशिस्त[2] पर से उठना है। चुनान्चे एक नामा'लूम ताक़त के ज़ेर-ए-असर[3] उठा। कुछ लड़खड़ाया, फिर सँभल गया। मेरा हाथ काँप रहा था। हॉल में शोर था। मैं बेहोशी से ज़रा ही वरे था और ना'रों की गूँज उन लहरों के शोर की तरह सुनाई दे रही थी जो डूबते हुए इन्सान के सर पर से गुज़र रही हों। तक़रीर शुरू कहाँ से होती है? लीडरों की ख़ुदग़र्ज़ी[4] भी ज़रूर बयान करनी है और क्या कहना है? एक कहानी भी थी, "बगुले और लोमड़ी की कहानी। नहीं ठीक है दो बैल...

इतने में हॉल में सन्नाटा छा गया। सब लोग मेरी तरफ़ देख रहे थे। मैं ने अपनी आँखें बन्द कर लीं, और सहारे के लिए मेज़ को पकड़ लिया। मेरा दूसरा हाथ भी काँप रहा था। वह भी मैंने मेज़ पर रख दिया। उस वक़्त ऐसा मा'लूम हो रहा था जैसे मेज़ भागने को है और मैं उसे रोके खड़ा हूँ। मैंने आँखें खोलीं और मुस्कुराने की कोशिश की। गला ख़ुश्क[5] था। बड़ी मुश्किल से मैंने ये कहा कि,

प्यारे हम वतनो!

आवाज़ ख़िलाफ़-ए-तवक़्क़ो[6] बहुत ही बारीक[7] और मनहनी[8] सी निकली। एक दो शख़्स हँस दिए। मैंने गले को साफ़ किया तो और कुछ लोग हँस पड़े। मैंने जी कड़ा करके ज़ोर से बोलना शुरू किया। फेफड़ों पर यक-लख़्त[9] जो यूँ ज़ोर डाला तो आवाज़ बहुत ही बुलन्द निकल

---

1 अंधेरा 2 बैठक 3 जो किसी के अधीन हो 4 स्वार्थपरता 5 सूखा 6 उम्मीद के ख़िलाफ़ 7 पतली 8 तिर्छा 9 अचानक

आई। इस पर बहुत से लोग खिलखिला कर हंस पड़े। हँसी थमी तो मैंने कहा,

प्यारे हम-वतनो!

उसके बाद ज़रा दम लिया और फिर कहा, कि

प्यारे हम-वतनो!

कुछ याद न आया कि उसके बाद क्या कहना है। बीसियों बातें दिमाग़ में चक्कर लगा रही थीं लेकिन ज़बान तक एक न आती थी।

प्यारे हम-वतनो!

अब के लोगों की हँसी से मैं भन्ना गया। अपनी तौहीन[1] पर बड़ा ग़ुस्सा आया। इरादा किया कि इस दफ़अ' जो मुँह में आया कह दूंगा। एक दफ़अ' तक़रीर शुरू' कर दूँ तो फिर कोई मुश्किल न रहेगी।

प्यारे हम वतनो! बा'ज लोग कहते हैं कि हिंदुस्तान की आब-ओ-हवा[2] ख़राब है या'नी ऐसी है कि हिंदुस्तान में बहुत से नुक़्स हैं...समझे आप? (वक़्फ़ा) नुक़्स हैं, लेकिन ये बात या'नी अम्र[3] जिसकी तरफ़ मैं ने इशारा किया है गोया चन्दाँ सही नहीं। (क़हक़हा)

हवास मुअ'त्तल[4] हो रहे थे। समझ में न आता था कि आख़िर तक़रीर का सिलसिला क्या था। यक-लख़्त[5] बैलों की कहानी याद आई और रास्ता कुछ साफ़ होता दिखाई दिया।

हाँ तो ये बात दर-अस्ल ये है कि एक जगह दो बैल इकट्ठे रहते थे। जो बा-वजूद आब-ओ-हवा और ग़ैर- मुल्की हुकूमत[6] के। (ज़ोर का क़हक़हा)

यहाँ तक पहुँच कर महसूस किया कि कलाम कुछ बे-रब्त[7] सा हो

---

1 अपमान 2 हवा और पानी 3 बात 4 बेकार 5 अचानक 6 देस की शासन 7 असंबद्ध

रहा है। मैंने सोचा चलो वो लकड़ी के गट्ठे की कहानी शुरू कर दें।

मस्लन आप लकड़ियों के एक गट्ठे को लीजिए, लकड़ियाँ अक्सर महंगी मिलती हैं। वज्ह ये है कि हिंदुस्तान में इफ़्लास[1] बहुत है। क्यूँकि अक्सर लोग ग़रीब हैं इसलिए गोया लकड़ियों का गट्ठा या'नी आप देखिए न कि अगर... (बुलन्द और तवील[2] क़हक़हा)

हजरात! अगर आपने अ'क़्ल से काम न लिया तो आपकी क़ौम फ़ना[3] हो जाएगी। नुहूसत[4] मंडला रही है। (क़हक़हे और शोर-व-ग़ोगा... इसे बाहर निकालो। हम नहीं सुनते)

शेख़ सा'दी ने कहा है कि

चू अज़ क़ौमे यके बैदानशी कुरद

(आवाज़ आई क्या बकता है?) ख़ैर इस बात को जाने दीजीए। बहर-हाल इस बात में तो किसी को शुबहा नहीं हो सकता कि

आ अंदलीब[5] मिल के करें आह-ओ-ज़ारियाँ[6]

तू हाय दिल पुकार मैं चिल्लाऊँ हाय गुल

इस शे'र ने दौरान-ए-ख़ून को तेज़ कर दिया। साथ ही लोगों का शोर भी बहुत ज़ियादा हो गया। चुनान्चे मैं बड़े जोश से बोलने लगा,

जो क़ौमैं इस वक़्त बेदारी[7] के आसमान पर चढ़ी हुई हैं उनकी ज़िन्दगियाँ लोगों के लिए शाहराह[8] हैं और उनकी हुकूमतें चार-दांग-ए-आ'लम[9] की बुनियादें हिला रही हैं। (लोगों का शोर और हँसी और भी बढ़ती गई।) आपके लीडरों के कानों पर ख़ुदग़र्ज़ी[10] की पट्टी बंधी हुई है। दुनिया की तारीख़ इस बात की शाहिद है कि ज़िन्दगी के वह तमाम शो'बे[11]...

---

1 ग़रीबी 2 लम्बा 3 ख़त्म 4 अविभूति 5 बुलबुल 6 जागना 8 रास्ता 9 संसार के चारों ओर 10 मत्लब परस्त 11 शाखा

लेकिन लोगों का ग़ौग़ा और क़हक़हे इतने बुलन्द हो गए कि मैं अपनी आवाज़ भी न सुन सकता था। अक्सर लोग उठ खड़े हुए थे और गला फाड़-फाड़ कर कुछ कह रहे थे। मैं सर से पाँव तक काँप रहा था, हुजूम[1] में से किसी शख़्स ने बारिश के पहले क़तरे की तरह हिम्मत करके सिगरेट की एक ख़ाली डिबिया मुझ पर फेंक दी। उसके बाद चार-पाँच काग़ज़ की गोलियाँ मेरे इर्द-गिर्द[2] स्टेज पर आ गिरीं लेकिन मैंने अपनी तक़रीर का सिलसिला जारी रखा।

हज़रात! तुम याद रखो। तुम तबाह हो जाओगे!

तुम दो बैल हो...

लेकिन जब बौछाड़ बढ़ती ही गई तो मैंने इस नामा'क़ूल[3] मजमा' से किनारा-कशी[4] ही मुनासिब समझी। स्टेज से फलांगा और ज़क़ंद[5] भरके दरवाज़े में से बाहर का रुख़ किया। हुजूम भी मेरे पीछे लपका। मैं ने मुड़ कर पीछे न देखा। बल्कि सीधा भागता गया। वक़्तन-फ़वक़्तन[6] बाज़ ना-मुनासिब कलमे मेरे कानों तक पहुँच रहे थे। उनको सुन कर मैंने अपनी रफ़्तार[7] और भी तेज़ कर दी और सीधा स्टेशन का रुख़ किया। एक ट्रेन प्लेटफार्म पर खड़ी थी मैं बे-तहाशा उसमें घुस गया। एक लम्हे के बाद वो ट्रेन वहाँ से चल दी।

उस दिन के बाद आज तक न मुरीदपुर ने मुझे मदऊ' किया है न मुझे ख़ुद वहाँ जाने की ख़्वाहिश पैदा हुई है।

---

1 भीड़ 2 चारों तरफ़ 3 ना मुनासिब 4 अलग-थलग हो जाना 5 तक्लीफ़ 6 कभी कभार 7 तेज़ी

अन्जाम ब-ख़ैर

मंज़र एक तंग-ओ-तारीक[1] कमरा जिस में बजुज़[2] एक पुरानी सी मेज़ और लर्ज़ा-बर-अन्दाम[3] कुर्सी के और कोई फ़र्नीचर नहीं। ज़मीन पर एक तरफ़ चटाई बिछी है जिस पर बे-शुमार[4] किताबों का अंबार[5] लगा है। इस अंबार में से जहाँ तक किताबों की पुश्तें[6] नज़र आती हैं वहाँ शेक्सपियर, टॉलस्टॉय, वर्ड्सवर्थ वग़ैरा मशाहीर-ए-अदब[7] के नाम दिखाई दे जाते हैं। बाहर कहीं पास ही कुत्ते भौंक रहे हैं। क़रीब ही एक बरात उतरी हुई है। उसके बैंड की आवाज़ भी सुनाई दे रही है जिसके बजाने वाले दिक़, दमा, खांसी और इसी क़िस्म के दीगर अमराज़[8] में मुब्तला मा'लूम होते हैं। ढोल बजाने वाले की सेहत अलबत्ता अच्छी है।

पतरस नामी एक नादार[9] मुअ'ल्लिम[10] मेज़ पर काम कर रहा है। नौजवान है लेकिन चेहरे पर गुज़श्ता[11] तंदरुस्ती और ख़ुश-बाशी[12] के आसार सिर्फ़. कहीं कहीं बाक़ी हैं। आँखों के गिर्द सियाह हल्क़े[13] पड़े हुए हैं। चेहरे से ज़हानत पसीना बन कर टपक रही है।

सामने लटकी हुई एक जंत्री से मा'लूम होता है कि महीने की आख़िरी तारीख़ है।

बाहर से कोई दरवाज़ा खटखटाता है। पतरस उठकर दरवाज़ा खोल देता है। तीन तालिब-ए-इ'ल्म निहायत आ'ला लिबास[14] ज़ेब-ए-तन[15] किए अन्दर दाख़िल होते हैं।

---

1 अंधेरा और बहुत परेशान 2 इसके अलावा 3 जिसका शरीर भय के कारण काँप रहा हो 5 अनगिनत 5 ढेर 6 पीठ 7 अपने समय के बड़े बड़े अदीब 8 दूसरे रोग 9 निर्धन 10 उस्ताद 11 पिछला 12 शाबाशी 13 काला गड्ढा 14 बेहतरीन पोशाक 15 कपड़ा लगाना

पतरसः हज़रात अन्दर तशरीफ़ ले आइए। आप देखते हैं कि मेरे पास सिर्फ़. एक कुर्सी है। लेकिन जाह-ओ-हशमत[1] का ख़याल बहुत पोच ख़याल है। इ'ल्म बड़ी ने'मत है। लिहाज़ा ऐ मेरे फ़र्ज़न्दो[2]! इस अंबार से चन्द ज़ख़ीम[3] किताबें इंतिख़ाब[4] कर लो और उनको एक दूसरे के ऊपर चुन कर उन पर बैठ जाओ। इ'ल्म ही तुम लोगों का ओढ़ना और इ'ल्म ही तुम लोगों का बिछौना होना चाहिए।

(कमरे में एक पुर-असरार नूर सा छा जाता है। फ़रिश्तों के परों की फड़फड़ाहट सुनाई देती है)।

तालिब-ए-इ'ल्मः (तीनों मिल कर) ऐ ख़ुदा के बर्गुज़ीदा[5] बन्दे! ऐ हमारे मुहतरम उस्ताद हम तुम्हारा हुक्म मानने को तैयार हैं। इ'ल्म ही हम लोगों का ओढ़ना और इ'ल्म ही हम लोगों का बिछौना होना चाहिए।

(किताबों को जोड़ कर उन पर बैठ जाते हैं)

पतरसः कहो ऐ हिंदुस्तान के सपूतो! आज तुम को कौन से इ'ल्म की तिश्नगी[6] मेरे दरवाज़े तक कशाँ-कशाँ[7] ले आई?

पहला तालिब-ए-इल्मः ऐ नेक इन्सान! हम आज तेरे एहसानों का बदला उतारने आए हैं।

दूसरा तालिब-ए-इ'ल्मः ऐ फ़रिश्ते! हम तेरी नवाज़िशों[8] का हदिया[9] पेश करने आए हैं।

तीसरा तालिब-ए-इल्मः ए मेहरबान! हम तेरी मेहनतों का फल तेरे पास लाए हैं।

पतरसः ये न कहो! ये न कहो! ख़ुद मेरी मेहनत ही मेरी मेहनत का फल है। कॉलेज के मुक़र्ररा[10] औक़ात के अ'लावा जो कुछ मैंने तुम

---

1 ठाट-बाट 2 बेटों 3 मोटी 4 चुनना 5 चुना हुआ 6 प्यास 7 खींचते हुए 8 मेहरबानी 9 तोहफ़ा 10 स्थापित समय

को पढ़ाया उसका मुआ'वज़ा[1] मुझे उसी वक़्त वसूल हो गया जब मैंने तुम्हारी आँखों में ज़कावत[2] चमकती देखी। आह तुम क्या जानते हो कि ता'लीम-ओ-तदरीस[3] कैसा आसमानी पेशा है ताहम तुम्हारे अल्फ़ाज़ से मेरे दिल में एक अ'जीब मसर्रत[4] सी भर गई है। मुझ पर ए'तमाद[5] करो और बिल्कुल मत घबराओ। जो कुछ कहना है तफ़सील[6] से कहो।

पहला तालिब-ए-इ'ल्म[7]: (सर्व-क़द और दस्त बस्ता खड़ा हो कर) ऐ मोहतरम उस्ताद! हम इ'ल्म की बे-बहा[8] दौलत से महरूम थे। दर्स के मु-क़र्ररा[9] औक़ात[10] से हमारी प्यास न बुझ सकती थी। पुलिस और सिविल सर्विस के इम्तिहानात की आज़माइश कड़ी है। तू ने हमारी दस्तगी-री[11] की और हमारे तारीक दिमाग़ों में उजाला हो गया। मुक़्तदिर[12] मुअ'ल्लिम[13]! तू जानता है, आज महीने की आख़िरी तारीख़ है। हम तेरी ख़िदमतों का हक़ीर[14] मुआ'वज़ा पेश करने आए हैं। तेरे आ'लिमाना[15] तबह्हुर[16] और तेरी बुज़ुर्गाना[17] शफ़क़त[18] की क़ीमत कोई अदा नहीं कर सकता। ताहम इज़्हार-ए-तशक्कुर[19] के तौर पर जो कम-माया रक़म हम तेरी ख़िदमत में पेश करें उसे क़बूल कर कि हमारी एहसान-मन्दी इससे कहीं बढ़ कर है।

पतरस: तुम्हारे अल्फ़ाज़ से एक अजीब बे-क़रारी मेरे जिस्म पर तारी[20] हो गई है।

(पहले तालिब-ए-इ'ल्म का इशारा पा कर बाक़ी दो तालिब-ए-इ'ल्म भी खड़े हो जाते हैं। बाहर बैंड यक-लख़्त ज़ोर ज़ोर से बजने लगता है)।

पहला तालिब-ए-इ'ल्म (आगे बढ़ कर): ऐ हमारे मेहरबान! मुझ हक़ीर की नज़्र क़बूल कर। (बड़े अदब-ओ-एहतराम के साथ अठन्नी

---

1 मज़दूरी 2 वृद्धि 3 पढ़ना-पढ़ाना 4 ख़ुशी 5 भरोसा 6 विस्तार से 7 छात्र 8 बहुत 9 स्थापित 10 समय 11 सहायता 12 अधीन 13 उस्ताद 14 छोटा 15 विद्वानों जैसा 16 विद्वत्ता 17 बुज़ुर्गों-जैसा 18 कृपा 19 आभार की अभिव्यक्ति 20 जारी

पेश करता है।)

दूसरा तालिब-ए-इ'ल्म (आगे बढ़ कर): ऐ फ़रिश्ते! मेरे हदिए[1] को शरफ़-ए-क़बूलियत[2] बख़्श। (अठन्नी पेश करता है।)

तीसरा तालिब-ए-इ'ल्म (आगे बढ़ कर): ऐ नेक इन्सान मुझ नाचीज़ इन्सान को मुफ़्तख़िर[3] फ़रमा। (अठन्नी पेश करता है।)

पतरस (जज़्बात से बेक़ाबू हो कर रिक़्क़त-अंगेज़[4] आवाज़ से): "ऐ मेरे फ़र्ज़ंदो, ख़ुदावंद की रहमत तुम पर हो। तुम्हारी सआ'दत-मन्दी[5] और फ़र्ज़-शनासी[6] से मैं बहुत मुतअस्सिर[7] हुआ हूँ। तुम्हें इस दुनिया में आराम और आख़िरत में नजात नसीब हो और ख़ुदा तुम्हारे सीनों को इ'ल्म के नूर से मुनव्वर[8] रखे। (तीनों अठन्नियाँ उठा कर मेज़ पर रख लेता है।)

तालिब-ए-इ'ल्म (तीनों मिल कर): अल्लाह के बर्गज़ीदा[9] बन्दे! हम फ़र्ज़ से सुबुक-दोश[10] हो गए। अब हम इजाज़त चाहते हैं कि घर पर हमारे वालिदैन[11] हमारे लिए बे-ताब[12] होंगे।

पतरस: ख़ुदा तुम्हारा हामी-ओ-नासिर[13] हो और तुम्हारी इ'ल्म की प्यास और भी बढ़ती रहे।

(तालिब-ए-इ'ल्म चले जाते हैं)

पतरस (तन्हाई में सर-ब-सजूद हो कर): बारी ताला! तेरा लाख-लाख शुक्र है कि तूने मुझे अपनी ना चीज़ मेहनत के समर के लिए बहुत दिनों इन्तिज़ार में न रखा। तेरे रहमत की कोई इन्तिहा नहीं लेकिन हमारी कम-माइगी इससे भी कहीं बढ़ कर है। ये तेरा ही फ़ज़्ल-ओ-करम[14] है कि तू मेरे वसीले[15] से औरों को भी रिज़्क पहुँचाता है और

---

1 तोहफ़े 2 क़ुबूल कर लेना 3 गर्व करनेवाला 4 आँसू से भरी हुई 5 सौभाग्य 6 ज़िम्मादारी समझना 7 प्रभावित 8 रौशन 9 चुना हुआ 10 अलग होना 11 माँ बाप 12 बेचैन 13 मददगार 14 मेहरबानी और दया 15 ज़रीया

जो मुलाज़िम[1] मेरी ख़िदमत करता है उसका भी कफ़ील[2] तूने मुझ ही को बना रखा है। तेरी रहमत की कोई इन्तिहा नहीं और तेरी बख़्शिश हमेशा-हमेशा जारी रहने वाली है।

(कमरे में फिर एक पुर-असरार[3] सी रौशनी छा जाती है और फ़रिश्तों के परों की फड़फड़ाहट सुनाई देती है कुछ देर के बाद पतरस सज्दे से सर उठाता है और मुलाज़िम को आवाज़ देता है।)

पतरस: ऐ ख़ुदा के दयानतदार[4] और मेहनती बन्दे! ज़रा यहाँ तो आइयो।

मुलाज़िम (बाहर से): ऐ मेरे ख़ुश-ख़िसाल[5] आक़ा! मैं खाना पका कर आऊँगा कि ताजील शैतान का काम है।

(एक तवील वक़्फ़ा[6] जिस के दौरान दरख़्तों के साए पहले से दुगुने लम्बे हो गए हैं)।

पतरस: आह इंतिज़ार की घड़ियाँ किस क़दर शीरीं हैं। कुत्तों के भौंकने की आवाज़ किस ख़ुश-उस्लूबी[7] से बैंड की आवाज़ के साथ मिल रही है।

(सर-ब-सजूद गिर पड़ता है।)

(फिर उठ कर मेज़ के सामने बैठ जाता है । अठन्नियों पर नज़र पड़ती है। उन को फ़ौरन एक किताब के नीचे छुपा देता है।)

पतरस: आह! मुझे ज़र-ओ-दौलत[8] से नफ़रत है। ख़ुदाया मेरे दिल को दुनिया की लालच से पाक रखियो!

(मुलाज़िम अन्दर आता है।)

पतरस: ऐ मज़दूर पेशा इन्सान मुझे तुझ पर रहम आता है कि

---

1 नौकर 2 प्रतिभू 3 छिपा हुआ 4 सच्चा 5 अच्छी स्वभाव 6 लम्बे समय 7 अच्छ तरीक़ा 8 धन दौलत

ज़िया-ए-इ'ल्म की एक किरन भी कभी तेरे सीने में दाख़िल न हुई। ताहम ख़ुदा-वन्द-ए-तआ'ला के दरबार में तुम हम सब बराबर हैं। तू जानता है आज महीने की आख़िरी तारीख़ है। तेरी तनख़्वाह[1] की अदाइगी का वक़्त सर पर आ गया। ख़ुश हो कि आज तुझे अपनी मशक़्क़त[2] का मुआ'वज़ा[3] मिल जाएगा। ये तीन अठन्नियाँ क़बूल कर और बाक़ी के साढे अठारह रुपए के लिए किसी लतीफ़ा-ए-ग़ैबी[4] का इन्तिज़ार कर। दुनिया उम्मीद पर क़ाइम है और मायूसी कुफ़्र[5] है. (मुलाज़िम अठन्नियाँ ज़ोर से ज़मीन पर फेंक कर घर से बाहर निकल जाता है । बैंड ज़ोर से बजने लगता है)

पतरस : ख़ुदाया! तकब्बुर[6] के गुनाह से हम सब को बचाए रख और अदना तब्क़े[7] के लोगों का सा ग़रूर[8] हम से दूर रख!

(फिर काम में मशग़ूल[9] हो जाता है।)

बावर्ची-ख़ाने से खाना जलने की हल्की-हल्की बू आ रही है...

एक तवील वक़्फ़ा जिसके दौरान में दरख़्तों के साए चौगुने लम्बे हो गए हैं। बैंड बदस्तूर[10] बज रहा है। यक-लख़्त बाहर सड़क पर मोटरों के आ कर रुक जाने की आवाज़ सुनाई देती है।

(थोड़ी देर बाद कोई शख़्स दरवाज़े पर दस्तक[11] देता है।)

पतरस (काम पर से सर उठा कर): ऐ शख़्स तू कौन है?

एक आवाज़: (बाहर से) हुज़ूर! मैं ग़ुलामों का ग़ुलाम हूँ और बाहर दस्त-बस्ता[12] खड़ा हूँ कि इजाज़त हो तो अन्दर आऊँ और अर्ज़-ए-हाल करूँ।

पतरस: (दिल में) मैं इस आवाज़ से ना-आशना[13] हूँ लेकिन लहजे से

---

1 वेतन 2 कठिन परिश्रम 3 मज़्दूरी 4 भाग्यशील संयोंग 5 इंकार 6 घमन्ड 7 छोटा श्रेणी 8 घमन्ड 9 व्यस्त 10 लगातार 11 खटखटाना 12 सक्रिय 13 अन्जान

पाया जाता है कि बोलने वाला कोई शाइस्ता[1] शख़्स है। ख़ुदाया ये कौन है? (बुलन्द आवाज़ से) अन्दर आ जाए।

(दरवाज़ा खुलता है और एक शख़्स लिबास-ए-फ़ाख़िरा[2] पहने अन्दर दाख़िल होता है। गो चेहरे से वक़ार[3] टपक रहा है लेकिन नज़रें ज़मीं-दोज़[4] हैं और अदब-ओ-एहतराम से हाथ बाँधे खड़ा है।)

पतरस: आप देखते हैं कि मेरे पास सिर्फ़ एक ही कुर्सी है लेकिन जाह-ओ-हश्मत[5] का ख़याल बहुत पोच ख़याल है। इ'ल्म बड़ी ने'मत है। लिहाज़ा ऐ मोहतरम अजनबी! उस अंबार से चन्द ज़ख़ीम[6] किताबें इंतिख़ाब[7] कर लो और उनको एक दूसरे के ऊपर चुन कर उन पर बैठ जाओ। इ'ल्म ही हम लोगों का ओढ़ना और इ'ल्म ही हम लोगों का बिछौना होना चाहिए।

अजनबी: ऐ बर्गज़ीदा शख़्स! मैं तेरे सामने खड़े रहने ही में अपनी सआ'दत समझता हूँ।

पतरस: तुम्हें कौन से इ'ल्म की तिश्नगी[8] मेरे दरवाज़े तक कशां-कशां[9] ले आई?

अजनबी: ऐ ज़ी-इ'ल्म[10] मोहतरम! गो तुम मेरी सूरत से वाक़िफ़[11] नहीं लेकिन मैं शो'बा-ए-ता'लीम[12] का अफ़्सर-ए-आ'ला[13] हूँ और शर्मिंदा हूँ कि मैं आज तक कभी नियाज़[14] हासिल करने के लिए हाज़िर न हुआ। मेरी इस कोताही[15] और ग़फ़लत[16] को अपने इ'ल्म-ओ-फ़ज़्ल के सदक़े मुआ'फ़ कर दो।

(आबदीदा[17] हो जाता है ।)

पतरस: ऐ ख़ुदा क्या ये सब वहम[18] है। क्या मेरी आँखें धोका खा

---

1 सुशील 2 क़ीमती कपड़े 3 गौरव 4 ज़मीन के नीचे 5 ठाट-बाट 6 मोटी 7 चुनना 8 प्यास 9 खींचा खींचा हुआ 10 ज्ञान वाला 11 जानकार 12 शिक्षा विभाग 13 उच करमचारी 14 मनोकामना 15 कमी 16 लापरवाही 17 जिसकी आँखों में आँसू भरे हों, उदास 18 शक

रही हैं?

अजनबी: मुझे तअ'ज्जुब[1] नहीं कि तुम मेरे आने को वहम समझो क्योंकि आज तक हमने तुम जैसे नेक और बर्गज़ीदा इन्सान से इस क़दर ग़फ़्लत बरती कि मुझे ख़ुद अचम्भा मा'लूम होता है लेकिन मुझ पर यक़ीन करो। मैं फ़िल-हक़ीक़त यहाँ तुम्हारी ख़िद्मत में खड़ा हूँ और तुम्हारी आँखें तुम्हें हरगिज़ धोका नहीं दे रही हैं। ऐ शरीफ़ और ग़म-ज़दा[2] इन्सान यक़ीन न हो तो मेरे चुटकी लेकर मेरा इम्तिहान कर लो।

(पतरस अजनबी के चुटकी लेता है। अजनबी बहुत ज़ोर से चीख़ता है।)

पतरस: हाँ मुझे अब कुछ कुछ यक़ीन आ गया लेकिन हुज़ूर-ए-वाला आप का यहाँ क़दम-रंजा[3] फ़रमाना मेरे लिए इस क़दर बाइस-ए-फ़ख़्र है कि मुझे डर है कहीं मैं दीवाना न हो जाऊँ।

अजनबी: ऐसे अल्फ़ाज़ कह कर मुझे कांटों में न घसीटो और यक़ीन जानो कि मैं अपनी गुज़श्ता ख़ताओं[4] पर बहुत नादिम[5] हूँ।

पतरस: (मबहूत[6] हो कर) मुझे अब क्या हुक्म है?

अजनबी: मेरी इतनी मजाल कहाँ कि मैं आप को हुक्म दूं। अलबत्ता एक अ'र्ज़ है अगर आप मन्ज़ूर कर लें तो मैं अपने आपको दुनिया का सब से ख़ुश-नसीब इन्सान समझूँ।

पतरस: आप फ़रमाइए! मैं सुन रहा हूँ। गो मुझे यक़ीन नहीं कि ये आ'लम-ए-बेदारी[7] है। (अजनबी ताली बजाता है। छ: ख़ुद्दाम[8] छ: बड़े-बड़े संदूक़ उठा कर अन्दर दाख़िल होते हैं और ज़मीन पर रख कर बड़े अदब से कोर्निश बजा ला कर बाहर चले जाते हैं)

---

1 आश्चर्य 2 उदास 3 उपस्थित होना 4 पिछली गलतियों 5 शर्मिन्दा 6 हैरान 7 जागने की हालत 8 नौकर

अजनबी: (सन्दूक़ों के ढकने खोल कर) मैं बादशाह-ए-मुअ'ज़्ज़म[1], शाहज़ादा-ए-वेल्ज़, वायसरा-ए-हिंद और कमांडर इन चीफ़ इन चारों की ईमा पर ये तहाइफ़ आपकी ख़िदमत में आपके इ'ल्म-ओ-फ़ज़्ल की क़द्र-दानी[2] के तौर पर लेकर हाज़िर हुआ हूँ (भर्राई हुई आवाज़ से) इनको क़बूल कीजिए और मुझे मायूस वापस न भेजिए वर्ना इन सबका दिल टूट जाएगा।

पतरस: (संदूक़ों को देख कर) सोना, अशर्फ़ियाँ, जवाहरात! मुझे यक़ीन नहीं आता। (आयतुल-कुर्सी पढ़ने लगता है)।

अजनबी: इन को क़बूल कीजिए और मुझे मायूस वापस न भेजिए। (आँसू टप टप गिरते हैं।)

गाना: (आज मोरी अँखियाँ पल न लागें)

पतरस: ऐ अजनबी! तेरे आँसू क्यों गिर रहे हैं? और तू गा क्यों रहा है? मा'लूम होता है तुझे अपने जज़्बात पर क़ाबू नहीं। ये तेरी कमज़ोरी की निशानी है। ख़ुदा तुझे तक़वियत[3] और हिम्मत दे। मैं ख़ुश हूँ कि तू और तेरे आक़ा इ'ल्म से इस क़दर मुहब्बत रखते हैं। बस अब जा कि हमारे मुतालिआ[4] का वक़्त है। कल कॉलेज में अपने लेक्चरों से हमें चार पाँच सौ रूहों को ख़्वाब-ए-जहालत से जगाना है।

अजनबी: (सिसकियाँ भरते हुए) मुझे इजाज़त हो तो मैं भी हाज़िर हो कर आपके ख़यालात से मुस्तफ़ीद[5] हूँ.

पतरस: ख़ुदा तुम्हारा हामी-ओ-नासिर हो और तुम्हारे इ'ल्म की प्यास और भी बढ़ती रहे।

(अजनबी रुख़्सत हो जाता है। पतरस सन्दूकों को खोई हुई नज़रों

---

1 प्रतिष्ठित राजा 2 कौशल और हुनर से अनभिज्ञता 3 ताक़त 4 पढ़ना 5 फ़ायदा उठाना

से देखता रहता है और फिर यक-लख़्त[1] मसर्रत[2] की एक चीख़ मार कर गिर पड़ता है और मर जाता है। कमरे में एक पुर-असरार[3] नूर छा जाता है और फ़रिश्तों के परों की फड़फड़ाहट सुनाई देती है। बाहर बैंड बदस्तूर[4] बज रहा है।)

1 अचानक 2 ख़ुशी 3 छिपा हुआ 4 लगातार

सिनेमा का इ'श्क़

'सिनेमा का इ'श्क़' उ'न्वान तो अ'जब हवस-ख़ेज़[1] है। लेकिन अफ़सोस कि इस मज़्मून[2] से आप की तमाम तवक़्क़ोआ'त[3] मजरूह[4] होंगी क्योंकि मुझे तो इस मज़्मून में कुछ दिल के दाग़ दिखाने मक़्सूद हैं।

इससे आप ये न समझिए कि मुझे फिल्मों से दिलचस्पी नहीं या सिनेमा की मौसीक़ी और तारीकी[5] में जो रुमान-अंगेज़ी है, मैं उसका क़ाइल[6] नहीं। मैं तो सिनेमा के मामले में अवाइल-ए-उ'म्र[7] ही से बुज़ुर्गों का मौरिद-ए-इ'ताब[8] रह चुका हूँ, लेकिन आज-कल हमारे दोस्त मिर्ज़ा साहब की मेहरबानियों के तुफ़ैल[9] सिनेमा गोया मेरी दुखती रग बन कर रह गया है। जहाँ उसका नाम सुन पाता हूँ, बा'ज़ दर्द-अंगेज़ वाक़िआ'त की याद ताज़ा हो जाती है जिससे रफ़्ता-रफ़्ता मेरी फ़ितरत ही कज-बीं[10] बन गई है।

अव्वल[11] तो ख़ुदा के फ़ज़्ल[12] से हम कभी सिनेमा वक़्त पर नहीं पहुँच सके। इसमें मेरी सुस्ती को ज़रा दख़्ल नहीं ये सब क़सूर हमारे दोस्त मिर्ज़ा साहब का है जो कहने को तो हमारे दोस्त हैं लेकिन ख़ुदा शाहिद[13] है कि उनकी दोस्ती से जो नुक़्सान हमें पहुँचे हैं किसी दुश्मन के क़ब्ज़ा-ए-क़ुदरत[14] से भी बाहर होंगे।

जब सिनेमा जाने का इरादा हो, हफ़्ता भर पहले से उन्हें कह रखता हूँ कि क्यों भई मिर्ज़ा अगली जुमेरात सिनेमा चलोगे ना! मेरी मुराद ये होती है कि वो पहले से तैयार रहें और अपनी तमाम मस्रूफ़ियतें कुछ इस ढब से

---

1 ख़्वाहिश उभारने वाला 2 विषय 3 उम्मीदें 4 घायल 5 अंधेरा 6 मानना 7 शुरुआती आयु 8 वो जिस पर क़हर-ओ-ग़ज़ब टूटा हो 9 कारण 10 टेढ़ा देखने वाला 11 प्रथम 12 कृपा 13 गवाह 14 दैव शक्ति

तर्तीब दे लें कि जुमेरात के दिन उनके काम में कोई हर्ज वाक़े' न हो लेकिन वो जवाब में अ'जब क़द्र-ए-ना-शनासी[1] से फ़रमाते हैं:

अरे भई चलेंगे क्यों नहीं क्या हम इन्सान नहीं? हमें तफ़रीह[2] की ज़रूरत नहीं होती? और फिर कभी हमने तुमसे आज तक ऐसी बे-मुर-व्वती भी बरती है कि तुमने चलने को कहा हो और हमने तुम्हारा साथ न दिया हो?

उनकी तक़रीर सुनकर मैं खिसियाना सा हो जाता हूँ। कुछ देर चुप रहता हूँ और फिर दबी ज़बान से कहता हूँ:

"भई अब के हो सका तो वक़्त पर पहुँचेंगे। ठीक है ना!

मेरी ये बात आ'म तौर पर टाल दी जाती है क्योंकि इससे उनका ज़मीर कुछ थोड़ा सा बेदार[3] हो जाता है, ख़ैर मैं भी बहुत ज़ोर नहीं देता। सिर्फ़. उनको बात समझाने के लिए इतना कह देता हूँ:

क्यों भई सिनेमा आज-कल छः बजे शुरू' होता है ना ?

मिर्ज़ा साहिब अ'जब मासूमियत[4] के अन्दाज़ में जवाब देते हैं:

भई हमें ये मा'लूम नहीं।

मेरा ख़याल है छः ही बजे शुरू' होता है।

अब तुम्हारे ख़याल की तो कोई सनद नहीं।

नहीं मुझे यक़ीन है। छः बजे शुरू' होता है।

तुम्हें यक़ीन है तो मेरा दिमाग़ क्यों मुफ़्त में चाट रहे हो ?

इसके बाद आप ही कहिए मैं क्या बोलूँ?

ख़ैर जनाब जुमेरात के दिन चार बजे ही उनके मकान को रवाना हो जाता हूँ। इस ख़याल से कि जल्दी-जल्दी उन्हें तैयार करा के वक़्त

---

1 अन्जान 2 घूमना 3 जागना 4 भोला-भला

पर पहुँच जाएँ। दौलत-ख़ाने पर पहुँचता हूँ तो आदम न आदम-ज़ाद[1]। मर्दाने के सब कमरों में घूम जाता हूँ। हर खिड़की में से झाँकता हूँ, हर शिगाफ़[2] में से आवाज़ें देता हूँ लेकिन कहीं से रसीद नहीं मिलती। आखिर तंग आकर उन के कमरे में बैठ जाता हूँ। वहाँ दस-पंद्रह मिनट सीटियाँ बजाता रहता हूँ। दस-पंद्रह मिनट पैंसिल से ब्लॉटिंग पेपर पर तस्वीरें बनाता रहता हूँ। फिर सिगरेट सुलगा लेता हूँ और बाहर ड्योढ़ी में निकल कर इधर-उधर झाँकता हूँ। वहाँ बदस्तूर[3] हू का आलम देखकर कमरे में वापस आ जाता हूँ और अख़बार पढ़ना शुरू' कर देता हूँ। हर कॉलम के बाद मिर्ज़ा साहब को एक आवाज़ दे लेता हूँ। इस उम्मीद पर कि शायद साथ के कमरे में या ऐन ऊपर के कमरे में तशरीफ़ ले आए हों। सो रहे थे तो मुमकिन है जाग उठे हों या नहा रहे थे तो शायद ग़ुस्ल-ख़ाने से बाहर निकल आए हों लेकिन मेरी आवाज़ मकान की वुसअतों[4] में से गूँज कर वापस आ जाती है। आख़िर-कार साढे. पाँच बजे के क़रीब ज़नाने से तशरीफ़ लाते हैं। मैं अपने खौलते हुए ख़ून को क़ाबू में ला कर मतानत[5] और अख़्लाक़ को बड़ी मुश्किल से मद्द-ए-नज़र[6] रख कर पूछता हूँ:

क्यों हज़रत! आप अन्दर ही थे?

हाँ मैं अन्दर ही था।

मेरी आवाज़ आपने नहीं सुनी?

अच्छा, ये तुम थे? मैं समझा कोई और है?

आँखें बन्द करके सर को पीछे डाल लेता हूँ और दाँत पीस कर ग़ुस्से को पी जाता हूँ और फिर काँपते हुए होंटों से पूछता हूँ:

तो अच्छा अब चलेंगे या नहीं ?

---

1 इन्सान 2 छेद 3 लगातार 4 चौड़ाई 5 गंभीरता 6 सामने

वो कहाँ ?

अरे बन्दा-ए-ख़ुदा आज सिनेमा नहीं जाना?

हाँ सिनेमा। सिनेमा (ये कह कर वो कुर्सी पर बैठ जाते हैं) ठीक है। सिनेमा, मैं भी सोच रहा था कि कोई न कोई बात ज़रूर ऐसी है जो मुझे याद नहीं आ रही है। अच्छा हुआ तुमने याद दिला दिया वर्ना मुझे रात भर उलझन रहती।

तो चलो फिर अब चलें।

हाँ वो तो चलेंगे ही। मैं सोच रहा था आज ज़रा कपड़े बदल लेते। ख़ुदा जाने धोबी कमबख़्त कपड़े भी लाया है या नहीं। यार इन धोबियों का तो कोई इन्तिज़ाम करो।

अगर क़त्ल-ए-इन्सानी[1] एक संगीन जुर्म न होता तो ऐसे मौक़े पर मुझसे ज़रूर सरज़द[2] हो जाता लेकिन क्या करूँ अपनी जवानी पर रहम खाता हूँ। बेबस होता हूँ सिर्फ़. यही कह सकता हूँ कि,

मिर्ज़ा! भई लिल्लाह मुझपर रहम करो। मैं सिनेमा चलने को आया हूँ, धोबियों का इन्तिज़ाम करने नहीं आया। यार बड़े बद-तमीज़ हो पौने छ: बज चुके हैं और तुम जूँ के तूँ बैठे हो।

मिर्ज़ा साहब अ'जब मुरब्बियाना[3] तबस्सुम[4] के साथ कुर्सी पर से उठते हैं गोया ये ज़ाहिर करना चाहते हैं कि अच्छा भई तुम्हारी तिफ़लाना[5] ख़्वाहिशात आख़िर हम पूरी कर ही दें। चुनान्चे फिर ये कह कर अन्दर तशरीफ़ ले जाते हैं कि अच्छा कपड़े पहन आऊँ।

मिर्ज़ा साहब के कपड़े पहनने का अ'मल इस क़दर तवील[6] है कि अगर मेरा इख़्तियार होता तो क़ानून की रौ से उन्हें कभी कपड़े उतारने

---

1 इन्सान का क़त्ल 2 ग़लती 3 संरक्षक 4 मुस्कुराहट 5 बचपना 6 लम्बा

ही न देता। आध घंटे के बाद वो कपड़े पहने हुए तशरीफ़ लाते हैं। एक पान मुँह में दूसरा हाथ में, मैं भी उठ खड़ा होता हूँ। दरवाज़े तक पहुँच कर मुड़ के जो देखता हूँ तो मिर्ज़ा साहब ग़ायब। फिर अन्दर आ जाता हूँ मिर्ज़ा साहब किसी कोने में खड़े कुछ कुरेद[1] रहे होते हैं।

अरे भई चलो।

चल तो रहा हूँ यार। आख़िर इतनी भी क्या आफ़त[2] है?

और ये तुम क्या कर रहे हो?

पान के लिए ज़रा तंबाकू ले रहा था।

तमाम रास्ते मिर्ज़ा साहब चहल-क़दमी[3] फ़रमाते जाते हैं। मैं हर दो तीन लम्हे के बाद अपने आपको उन से चार पाँच क़दम आगे पाता हूँ। कुछ देर ठहर जाता हूँ। वो साथ आ मिलते हैं तो फिर चलना शुरू कर देता हूँ। फिर आगे निकल जाता हूँ। फिर ठहर जाता हूँ। ग़रज़ कि गो चलता दुगनी तिगुनी रफ़्तार से हूँ लेकिन पहुँचता उनके साथ ही हूँ।

टिकट लेकर अन्दर दाख़िल होते हैं तो अंधेरा घुप। बहुतेरा[4] आँखें झपकता हूँ, कुछ सुझाई नहीं देता। उधर से कोई आवाज़ देता है। ये दरवाज़ा बन्द कर दो जी! या अलल्लाह अब जाऊँ कहाँ? रस्ता, कुर्सी, दीवार, आदमी कुछ भी तो नज़र नहीं आता। एक क़दम बढ़ाता हूँ तो सर उन बाल्टियों से जा टकराता है जो आग बुझाने के लिए दीवार पर लटकी रहती हैं। थोड़ी देर के बाद तारीकी[5] में कुछ धुँदले से नक़्श दिखाई देने लगते हैं। जहाँ ज़रा तारीक तर सा धब्बा दिखाई दे जाए। वहाँ समझता हूँ ख़ाली कुर्सी होगी। ख़मीदा[6] पुश्त[7] हो कर उसका रुख़ करता हूँ इसके पावँ को फाँद, उसके टख़नों को ठुकरा, ख़वातीन[8] के घुट्नों से दामन बचा कर आख़िरकार किसी की गोद में जा कर बैठता

---

1 छानबीन 2 मुसीबत 3 घूमना 4 यथेष्ट 5 अंधेरा 6 झुका हुआ 7 पीठ 8 औ'रतें

हूँ। वहाँ से निकाल दिया जाता हूँ और लोगों के धक्कों की मदद से किसी ख़ाली कुर्सी तक जा पहुँचता हूँ। मिर्ज़ा साहब से कहता हूँ, मैं न बकता था कि जल्दी चलो। ख़्वाह-मख़्वाह[1] में हमको रुसवा करवाया न! गधा कहीं का! इस शगुफ़्ता[2] बया'नी के बाद मा'लूम होता है कि साथ की कुर्सी पर जो हज़रत बैठे हैं और जिनको मुख़ातिब[3] कर रहा हूँ वो मिर्ज़ा नहीं कोई और बुज़ुर्ग हैं।

अब तमाशे की तरफ़ मुतवज्जह होंता हूँ और समझने की कोशिश करता हूँ कि फ़िल्म कौन सी है? उसकी कहानी क्या है? और कहाँ तक पहुँच चुकी है? और समझ में सिर्फ़ इस क़दर आता है कि एक मर्द और एक औ'रत जो पर्दे पर बग़ल-गीर[4] नज़र आते हैं, एक दूसरे को चाहते होंगे। इस इंतिज़ार में रहता हूँ कि कुछ लिखा हुआ सामने आए, तो मुआ'मला खुले कि इतने में सामने की कुर्सी पर बैठे हुए हज़रत एक वसी-ओ-फ़र्राख़[5] अंगड़ाई लेते हैं जिसके दौरान में कम अज़ कम दो तीन सौ फ़ीट फ़िल्म गुज़र जाती है। जब अंगड़ाई को लपेट लेते हैं तो फिर सर खुजाना शुरू कर देते हैं और इस अ'मल के बाद हाथ को सर से नहीं हटाते बल्कि बाज़ू को वैसे ही ख़मीदा रखे रहते हैं। मैं मजबूरन सर को नीचा करके चाय-दानी के उस दस्ते के बीच में से अपनी नज़र के लिए रास्ता निकाल लेता हूँ और अपने बैठने के अन्दाज़ से बिल्कुल ऐसा मा'लूम होता हूँ जैसे टिकट ख़रीदे बग़ैर अन्दर घुस आया हूँ और चोरों की तरह बैठा हुआ हूँ। थोड़ी देर के बाद उन्हें कुर्सी की नशिस्त[6] पर कोई मच्छर या पिस्सू महसूस होता है। चुनान्चे वो दाएँ से ज़रा ऊँचे हो कर बाएँ तरफ़ को झुक जाते हैं। मैं मुसीबत का मारा दूसरी तरफ़ झुक जाता हूँ। एक दो लम्हे के बाद वही मच्छर दूसरी तरफ़ हिज्रत कर जाता है। चुनान्चे हम दोनों फिर से पैंतरा बदल लेते हैं। ग़रज़ कि

---

1 न चाहते हुए 2 विकसित 3 संबोधित 4 सम्बोधित 5 चौड़ा 6 बैठक

ये दिल्लगी यूं ही जारी रहती है। वो दाएँ तो मैं बाएँ और वो बाएँ तो मैं दाएँ। उनको क्या मा'लूम कि अंधेरे में क्या खेल खेला जा रहा है। दिल यही चाहता है कि अगले दर्जे का टिकट लेकर उन के आगे जा बैठूँ और कहूँ कि ले बेटा! देखूँ तो अब तू कैसे फ़िल्म देखता है।

पीछे से मिर्ज़ा साहब की आवाज़ आती है, यार तुम से निचला नहीं बैठा जाता। अब जो हमें साथ लाए हो तो फ़िल्म तो देखने दो।

इसके बाद ग़ुस्से में आकर आँखें बन्द कर लेता हूँ और क़तल-ए-अ'म्द[1], ख़ुदकुशी, ज़हर-ख़ुरानी[2] वग़ैरा मुआ'मलात पर ग़ौर करने लगता हूँ। दिल में, मैं कहता हूँ कि ऐसी की तैसी इस फ़िल्म की। सौ-सौ क़स्में खाता हूँ कि फिर कभी न आऊँगा और अगर आया भी तो इस कम्बख़्त मिर्ज़ा से ज़िक्र तक न करूँगा। पाँच-छः घंटे पहले से आ जाऊँगा। ऊपर के दर्जे में सबसे अगली क़तार में बैठूंगा। तमाम वक़्त अपनी नशिस्त पर उछलता रहूँगा! बहुत बड़े तुर्रे[3] वाली पगड़ी पहन कर आऊँगा। अपने ओवर-कोट को दो छड़ियों पर फैला कर लटका दूंगा! बहरहाल मिर्ज़ा के पास तक नहीं फटकूँगा!

लेकिन इस कम्बख़्त दिल को क्या करूँ? अगले हफ़्ते फिर किसी अच्छे फ़िल्म का इश्तिहार[4] देख पाता हूँ तो सबसे पहले मिर्ज़ा के हाँ जाता हूँ और गुफ़्तुगू[5] फिर वहीं से शुरू' होती है कि "क्यों भई मिर्ज़ा! अगली जुमेरात सिनेमा चलोगे ना?"

---

1 जान बूझकर क़त्ल करना 2 विष खिलाना 3 केश 4 प्रचार 5 बातचीत

मेबल और मैं

मेबल लड़कियों के कॉलेज में थी लेकिन हम दोनों कैम्ब्रिज यूनिवर्सिटी में एक ही मज़्मून[1] पढ़ते थे इस लिए अक्सर लेक्चरों में मुलाक़ात हो जाती थी। इसके अलावा हम दोस्त भी थे। कई दिलचस्पियों में एक दूसरे के शरीक होते थे। तस्वीरों और मौसीक़ी का शौक़ उसे भी था, मैं भी हमा-दानी का दावेदार। अक्सर गैलरियों या कॉन्सर्टों में इकट्ठे जाया करते थे। दोनों अंग्रेज़ी अदब के तालिब-ए-इल्म थे। किताबों के मुतअ'ल्लिक़ बाहम बहस मुबाहिसे रहते। हममें से अगर कोई नई किताब या नया मुसन्निफ़[2] दरयाफ़्त करता तो दूसरे को ज़रूर उससे आगाह[3] कर देता और फिर दोनों मिल कर उस पर अच्छे बुरे का हुक्म सादिर[4] करते।

लेकिन इस तमाम यक-जेहती[5] और हम-आहंगी[6] में एक ख़लिश[7] ज़रूर थी। हम दोनों ने बीसवीं सदी में परवरिश पाई थी। औ'रत और मर्द की मुसावात[8] के क़ाइल तो ज़रूर थे ताहम अपने ख़यालात में और बा'ज़ औक़ात अपने रवय्ये में हम कभी न कभी इसकी तक़्ज़ीब[9] ज़रूर कर देते थे। बा'ज़ हालात के मातहत मेबल ऐसी रिआ'यात को अपना हक़ समझती जो सिर्फ़ सिन्फ़-ए-ज़ई'फ़[10] ही के एक फ़र्द[11] को मिलनी चाहिए और बा'ज़ औक़ात[12] में तहक्कुम[13] और रहनुमाई का रवय्या इख़्तियार कर लेता, जिसका मत्लब ये था कि गोया एक मर्द होने की हैसियत से मेरा फ़र्ज़ यही है। ख़ुसूसन मुझे ये एहसास बहुत ज़ियादा

---

1 विषय 2 लेखक 3 ख़बरदार 4 कहना 5 सहमति 6 एक-सा इरादा 7 चुभन 8 समानता 9 झूटा साबित करना 10 स्त्री जाति 11 आदमी 12 कुछ समय 13 आदेश

तक्लीफ़ देता था कि मेबल का मुतालिआ मुझसे बहुत वसी है। इससे मेरे मर्दाना वक़ार को सदमा पहुँचता था। कभी-कभी मेरे जिस्म के अन्दर मेरे एशियाई आबा-ओ-अज्दाद[1] का ख़ून जोश मारता और मेरा दिल जदीद तहज़ीब से बाग़ी होकर मुझसे कहता, कि मर्द अशरफ़-उल-मख़लूक़ात[2] है। इस तरह मेबल औ'रत मर्द की मसावात का इज़्हार मुबालग़ा[3] के साथ करती थी। यहाँ तक कि बा'ज़ औक़ात ऐसा मा'लूम होता कि वो औ'रतों को काइनात[4] की रहबर[5] और मर्दों को हशरात-उल-अर्ज़[6] समझती है।

लेकिन इस बात को में क्योंकर नज़र अन्दाज़ करता कि मेबल एक दिन दस बारह किताबें ख़रीदती और हफ़्ता भर के बाद उन्हें मेरे कमरे में फेंक कर चली जाती और साथ ही कह जाती, कि मैं इन्हें पढ़ चुकी हूँ। तुम भी पढ़ चुकोगे तो इनके मुतअ'ल्लिक़ बातें करेंगे।

अव्वल तो मेरे लिए एक हफ़्ते में दस-बारह किताबें ख़त्म करना मुहाल था, लेकिन फ़र्ज़ कीजिए मर्दों की लाज रखने के लिए रातों की नींद हराम करके उन सब को पढ़ डालना मुमकिन भी होता तो भी उनमें दो या तीन किताबें फ़ल्सफ़े या तन्क़ीद[7] की ज़रूर ऐसी होतीं कि उनको समझने के लिए मुझे काफ़ी अ'र्सा दरकार होता। चुनान्चे हफ़्ते भर की जाँ-फ़िशानी[8] के बाद एक औ'रत के सामने इस बात का ए'तराफ़[9] करना पड़ता कि मैं इस दौड़ में पीछे रह गया हूँ। जब तक वो मेरे कमरे में बैठी रहती, मैं कुछ खिसियाना सा हो कर उसकी बातें सुनता रहता और वो निहायत आ'लिमाना अन्दाज़ में भंवें ऊपर को चढ़ा-चढ़ा कर बातें करती। जब मैं उसके लिए दरवाज़ा खोलता या उसके सिगरेट के लिए दिया सलाई जलाता या अपनी सबसे ज़ियादा आरामदेह कुर्सी उसके लिए ख़ाली कर देता तो वो मेरी ख़िदमात को हक़्क़-ए-निस्वानि-

---

1 बाप-दादा 2 बेहतरीन मख़्लूक़ या'नी इन्सान 3 अतिशयोक्ति 4 संसार 5 रहनुमा 6 ज़मीन के कीड़े 7 आलोचना 8 कड़ी मेहनत 9 क़ुबूल करना 10 औ'रतों के हुक़ूक़

यत[10] नहीं बल्कि हक़्-ए-उस्तादी समझ कर क़बूल करती।

मेबल के चले जाने के बाद निदामत[1] ब-तदरीज[2] ग़ुस्से में तब्दील हो जाती। जान या माल का ईसार सहल है लेकिन आन की ख़ातिर नेक से नेक इन्सान भी एक न एक दफ़्अ' तो ज़रूर नाजाइज़ ज़राए के इस्तेमाल पर उतर आता है। इसे मेरी अख़्लाक़ी पस्ती समझिए लेकिन यही हालत मेरी भी हो गई। अगली दफ़्अ' जब मेबल से मुलाक़ात हुई तो जो किताबें मैंने नहीं पढ़ी थीं उन पर भी मैंने राय ज़नी[3] शुरू कर दी लेकिन जो कुछ कहता सँभल-सँभल कर कहता था तफ़सीलात[4] के मुता'ल्लिक़ कोई बात मुँह से न निकालता था। सरसरी[5] तौर पर तन्क़ीद[6] करता था और बड़ी होशयारी और दानाई के साथ अपनी राय को जिद्दत[7] का रंग देता था।

किसी नॉवेल के मुतअ'ल्लिक़ मेबल ने मुझसे पूछा तो जवाब में निहायत ला-उबालियाना[8] कहा:

हाँ अच्छी है लेकिन कुछ ऐसी अच्छी भी नहीं। मुसन्निफ़[9] से दौर-ए-जदीद[10] का नुक़्ता-ए-नज़र[11] कुछ निभ न सका, लेकिन फिर भी बा'ज़ नुक्ते निराले हैं। बुरी नहीं बुरी नहीं।

कनखियों से मेबल की तरफ़ देखता गया लेकिन उसे मेरी रियाकारी[12] बिल्कुल मा'लूम न होने पाई। ड्रामे के मुतअ'ल्लिक़ कहा करता था:

हाँ पढ़ा तो है लेकिन अभी तक मैं ये फ़ैसला नहीं कर सका कि जो कुछ पढ़ने वाले को महसूस होता है वो स्टेज पर जा कर भी बाक़ी रहेगा या नहीं? तुम्हारा क्या ख़याल है?

---

1 शर्मिन्दगी 2 आहिस्ता-आहिस्ता 3 राय देना 4 विस्तार से 5 बिना महत्व दिए 6 आलोचना करना 7 अनोखापन 8 ला-पर्वाओं जैसा 9 लेखक 10 नया दौर 11 दृष्टिकोण 12 दिखावा

और इस तरह से अपनी आन भी क़ाइम रहती और गुफ़्तुगू[1] का बार भी मेबल के कंधों पर डाल देता।

तन्क़ीद की किताबों के बारे में फ़रमाता:

इस नक़्क़ाद[2] पर अट्ठारहवीं सदी के नक़्क़ादों का कुछ-कुछ असर मा'लूम होता है। लेकिन यूँ ही ना-मामूल सा कहीं-कहीं। बिल्कुल हल्का सा और शाइ'री के मुतअ'ल्लिक़ उसका रवैया दिलचस्प है। बहुत दिलचस्प। बहुत दिलचस्प।

रफ़्ता-रफ़्ता[3] मुझे इस फ़न पर कमाल हासिल हो गया। जिस रवानी और नफ़ासत[4] के साथ मैं ना-ख़्वान्दा[5] किताबों पर गुफ़्तुगू कर सकता था उस पर मैं ख़ुद हैरान रह जाता था। इससे जज़्बात को एक आसूदगी[6] नसीब हुई।

अब मैं मेबल से न दबता था। उसे भी मेरे इल्म-ओ-फ़ज़्ल का मोअ'तरिफ़[7] होना पड़ा। वो अगर हफ़्ते में दस किताबें पढ़ती थी तो मैं सिर्फ़. दो दिन के बाद इन सब किताबों पर राय ज़नी कर सकता था। अब उसके सामने निदामत का कोई मौक़ा न था। मेरी मर्दाना रूह में इस एहसास-ए-फ़त्ह-मन्दी[8] से बालीदगी[9] सी आ गई थी। अब मैं उसके लिए कुर्सी ख़ाली करता या दिया सलाई जलाता तो अ'ज़्मत-ओ-बरतरी[10] के एहसास के साथ जैसे एक तजुर्बेकार तनो-मन्द[11] नौजवान एक नादान कमज़ोर बच्ची की हिफ़ाज़त कर रहा हो।

सिरात-ए-मुस्तक़ीम[12] पर चलने वाले इन्सान मेरे इस फ़रेब को न सराहें तो न सराहें लेकिन मैं कम अज़ कम मर्दों के तब्क़े से इसकी दाद ज़रूर चाहता हूँ। ख़्वातीन[13] मेरी इस हरकत के लिए मुझ पर दो-

---

1 बातचीत 2 टिप्पणी करने वाला 3 धीरे-धीरे 4 स्वच्छता 5 बिना पढ़ी हुई 6 संतोष 7 क़ुबूल करने वाला 8 जीत का अनुभव 9 बढ़ावा 10 बड़ाई 11 तन्दुरुस्त 12 सीधा रास्ता 13 औ'रतें

हरी-दोहरी ला'नतें भेजेंगी, कि एक तो मैंने मक्कारी[1] और झूट से काम लिया और दूसरे एक औ'रत को धोका दिया। उनकी तसल्ली के लिए मैं ये कहना चाहता हूँ कि आप यक़ीन मानिए कई दफ़्अ' तन्हाई में मैंने अपने आप को बुरा भला कहा। बा'ज़ औक़ात[2] अपने आप से नफ़रत होने लगती। साथ ही इस बात का भुलाना भी मुश्किल हो गया कि मैं बग़ैर पढ़े ही इल्मियत[3] जताता रहता हूँ। मेबल तो ये सब किताबें पढ़ चुकने के बाद गुफ़्तुगू करती है तो बहर-हाल उसको मुझ पर तफ़व्वुक़[4] तो ज़रूर हासिल है। मैं अपनी कम इ'ल्मी ज़ाहिर नहीं होने देता। लेकिन हक़ीक़त तो यही है न कि मैं वो किताबें नहीं पढ़ता, मेरी जहालत[5] उसके नज़्दीक न सही मेरे अपने नज़्दीक तो मुसल्लम[6] है। इस ख़याल से इत्मिनान-ए-क़ल्ब[7] फिर मफ़क़ूद[8] हो जाता और अपना आप एक औ'रत के मुक़ाबले में फिर हक़ीर नज़र आने लगता। पहले तो मेबल को सिर्फ़. ज़ी-इ'ल्म[9] समझता था। अब वो अपने मुक़ाबले में पाकीज़गी[10] और रास्त-बाज़ी[11] की देवी भी मा'लूम होने लगी।

अ'लालत[12] के दौरान मेरा दिल ज़ियादा नर्म हो जाता है। बुख़ार की हालत में कोई बाज़ारी सा नॉवेल पढ़ते वक़्त भी बा'ज़ औक़ात मेरी आँखों से आँसू जारी हो जाते हैं। सेहत-याब हो कर मुझे अपनी इस कमज़ोरी पर हँसी आती है लेकिन उस वक़्त अपनी कमज़ोरी का एहसास नहीं होता। मेरी बद-क़िस्मती कि इन ही दिनों मुझे ख़फ़ीफ़[13] सा इन्फ़्लुएँज़ा हुआ। मोहलिक[14] न था। बहुत तकलीफ़-देह भी न था। ताहम गुज़श्ता[15] ज़िन्दगी के तमाम छोटे-छोटे गुनाह, गुनाह-ए-कबीरा[16] बन कर नज़र आने लगे। मेबल का ख़याल आया तो ज़मीर[17] ने सख़्त मलामत[18] की, और मैं बहुत देर तक बिस्तर पर पेच-ओ-ताब[19] खाता रहा। शाम के

---

1 धोका 2 कभी कभी 3 विद्वत्ता 4 ठहरना 5 अनपढ़ 6 पूरा 7 दिल का सुकून 8 ख़त्म होना 9 इल्म वाला 10 पवित्रता 11 सच्चाई 12 बीमारी 13 हलका 14 हलाक करने वाला 15 पिछली 16 बड़ा गुनाह 17 सर्वनाम 18 धुत्कारना 19 ब्रहम होना

वक़्त मेबल कुछ फूल ले कर आई। ख़ैरियत पूछी, दवा पिलाई, माथे पर हाथ रखा। मेरे आँसू टप-टप गिरने लगे। मैंने कहा,(मेरी आवाज़ भर्राई हुई थी) मेबल! मुझे ख़ुदा के लिए मुआ'फ़ करदो। उसके बाद मैंने अपने गुनाह का एतराफ़[1] किया और अपने आप को सज़ा देने के लिए मैंने अपनी मक्कारी की हर एक तफ़सील बयान कर दी। हर उस किताब का नाम लिया, जिसपर मैंने बग़ैर पढ़े लम्बी-लम्बी फ़ाज़िलाना[2] तक़रीरें की थीं। मैंने कहा, मेबल , पिछले हफ़्ते जो तीन किताबें तुम मुझे दे गई थीं, उनके मुतअ'ल्लिक़ मैं तुमसे कितनी बहस करता रहा हूँ लेकिन मैंने उनका एक लफ़्ज़ भी नहीं पढ़ा। मैं ने कोई न कोई बात ऐसी ज़रूर कही होगी जिससे मेरा पोल तुम पर खुल गया होगा।

कहने लगी: नहीं तो।

मैंने कहा: मसलन नॉवेल तो मैंने पढ़ा ही न था। कैरेक्टरों के मुताल्लिक़ जो कुछ बक रहा था वो सब मनघड़त था।

कहने लगी: कुछ ऐसा ग़लत भी न था।

मैंने कह : प्लाट के मुतअ'ल्लिक़ मैंने ये ख़याल ज़ाहिर किया था कि ज़रा ढीला है। ये भी ठीक था?

कहने लगी: हाँ, प्लाट कहीं-कहीं ढीला ज़रूर है।

उसके बाद मेरी गुज़श्ता[3] फ़रेब-कारी[4] पर वो और मैं दोनों हँसते रहे। मेबल रुख़्सत होने लगी तो बोली, तो वो किताबें मैं लेती जाऊँ?

मैंने कहा: एक ताइब इन्सान को अपनी इस्लाह[5] का मौक़ा तो दो, मैंने उन किताबों को अब तक नहीं पढ़ा लेकिन अब मैं उन्हें पढ़ने का इरादा रखता हूँ। उन्हें यहीं रहने दो। तुम तो उन्हें पढ़ चुकी हो।

---

1 मानना 2 जियादा 3 पिछला 4 धोकादारी 5 सुधार

कहने लगी: हाँ मैं तो पढ़ चुकी हूँ। अच्छा मैं यहीं छोड़ जाती हूँ।

उसके चले जाने के बाद मैंने उन किताबों को पहली दफ़अ' खोला, तीनों में से किसी के वर्क़[1] तक न कटे थे। मेबल ने भी उन्हें अभी तक न पढ़ा था।

मुझे मर्द और औ'रत दोनों की बराबरी में कोई शक बाक़ी न रहा।

1 पन्ना

मरहूम की याद में

एक दिन मिर्ज़ा साहब और मैं बरामदे में साथ साथ कुर्सियाँ डाले चुप-चाप बैठे थे। जब दोस्ती बहुत पुरानी हो जाए तो गुफ़्तुगू की चन्दाँ[1] ज़रूरत बाक़ी नहीं रहती और दोस्त एक दूसरे की ख़ामोशी से लुत्फ़-अन्दोज़[2] हो सकते हैं। यही हालत हमारी थी। हम दोनों अपने-अपने ख़यालात में ग़र्क़ थे। मिर्ज़ा साहब तो ख़ुदा जाने क्या सोच रहे थे। लेकिन मैं ज़माने की ना-साज़गारी[3] पर ग़ौर कर रहा था। दूर सड़क पर थोड़े-थोड़े वक़्फ़े[4] के बाद एक मोटर कार गुज़र जाती थी। मेरी तबीअ'त कुछ ऐसी वाक़े'[5] हुई है कि मैं जब कभी किसी मोटर कार को देखूँ मुझे ज़माने की ना-साज़गारी का ख़याल ज़रूर सताने लगता है और मैं कोई ऐसी तर्कीब सोचने लगता हूँ जिससे दुनिया की तमाम दौलत सब इन्सानों में बराबर-बराबर तक़्सीम की जा सके। अगर मैं सड़क पर पैदल जा रहा हूँ और कोई मोटर इस अदा से से गुज़र जाए कि गर्द-ओ-ग़ुबार मेरे फेफड़ों, मेरे दिमाग़, मेरे मेदे और मेरी तिल्ली तक पहुँच जाए तो उस दिन मैं घर आकर इल्म-ए-कीमिया[6] की वो किताब निकाल लेता हूँ जो मैं ने एफ़.ए. में पढ़ी थी और इस ग़रज़ से उसका मुतालिआ[7] करने लगता हूँ कि शायद बम बनाने का कोई नुस्ख़ा हाथ आ जाए।

मैं कुछ देर तक आहें भरता रहा। मिर्ज़ा साहब ने कुछ तवज्जोह न की। आख़िर मैंने ख़ामोशी को तोड़ा और मिर्ज़ा साहब से मुख़ातिब[8] हो कर बोला,

---

1 कुछ खास 2 आनंद लेना 3 अभाग्य 4 अंतराल 5 घटित अभाग्य 6 रसायन का ज्ञान 7 पढ़ना 9 संबोधित

"मिर्ज़ा साहब! हम में और हैवानों[1] में क्या फ़र्क़ है?"

मिर्ज़ा साहब बोले: "भई कुछ होगा ही न आख़िर।"

मैंने कहा, "मैं बताऊँ तुम्हें?"

कहने लगे, "बोलो।"

मैंने कहा, "कोई फ़र्क़ नहीं। सुनते हो मिर्ज़ा। कोई फ़र्क़ नहीं। हममें और हैवानों में....कम-अज़-कम[2] मुझमें और हैवानों में कोई फ़र्क़ नहीं। हाँ हाँ मैं जानता हूँ तुम मीन-मीख़ निकालने में बड़े ताक़ हो। कह दोगे हैवान जुगाली करते हैं, तुम जुगाली नहीं करते। उनकी दुम होती है, तुम्हारी दुम नहीं, लेकिन इन बातों से क्या होता है? इनसे तो सिर्फ़. यही साबित होता है। वो मुझसे अफ़ज़ल[3] हैं लेकिन एक बात में, मैं और वो बिल्कुल बराबर हैं। वो भी पैदल चलते हैं और मैं भी पैदल चलता हूँ। इसका तुम्हारे पास क्या जवाब है? जवाब नहीं। कुछ है तो कहो। बस चुप हो जाओ। तुम कुछ नहीं कह सकते। जबसे मैं पैदा हुआ हूँ उस दिन से पैदल चल रहा हूँ।"

"पैदल! तुम पैदल के माआ'नी नहीं जानते। पैदल के मआ'नी हैं सीना-ए-ज़मीन[4] पर इस तरह से हरकत करना कि दोनों पाँव में एक ज़रूर ज़मीन पर रहे या'नी तमाम उ'म्र मेरे हरकत करने का तरीक़ा यही रहा है कि एक पाँव ज़मीन पर रखता हूँ और दूसरा उठाता हूँ। दूसरा रखता हूँ पहला उठाता हूँ। एक आगे एक पीछे, एक पीछे एक आगे। ख़ुदा की क़सम इस तरह की ज़िन्दगी से दिमाग़ सोचने के क़ाबिल नहीं रहता। हवास बेकार हो जाते हैं। तख़य्युल[5] मर जाता है। आदमी गधे से बद्तर[6] हो जाता है।"

मिर्ज़ा साहब मेरी इस तक़रीर के दौरान कुछ इस बे-परवाई से

---

1 जानवरों 2 कम से कम 3 उत्तम 4 धरती की छाती 5 सोच 6 बुरा

सिगरेट पीते रहे कि दोस्तों की बे-वफाई पर रोने को दिल चाहता था। मैंने अज़-हद[1] हिक़ारत[2] और नफ़रत के साथ मुँह उनकी तरफ़ से फेर लिया। ऐसा मा'लूम होता था कि मिर्ज़ा को मेरी बातों पर यक़ीन ही नहीं आता। गोया मैं अपनी जो तकालीफ़ बयान कर रहा हूँ वो महज़ ख़याली हैं या'नी मेरा पैदल चलने के ख़िलाफ़ शिकायत करना क़ाबिल-ए-तवज्जोह[3] ही नहीं, या'नी मैं किसी सवारी का मुस्तहिक़[4] ही नहीं। मैंने दिल में कहा, अच्छा मिर्ज़ा यूँ ही सही। देखो तो मैं क्या करता हूँ।

मैंने अपने दाँत पच्ची कर लिए और कुर्सी के बाज़ू पर से झुक कर मिर्ज़ा के क़रीब पहुँच गया। मिर्ज़ा ने भी सर मेरी तरफ़ मोड़ा। मैं मुस्कुरा दिया लेकिन मेरे तबस्सुम[5] में जहर मिला हुआ था। जब मिर्ज़ा सुनने के लिए बिल्कुल तैयार हो गया तो मैंने चबा-चबा कर कहा:

"मिर्ज़ा! मैं एक मोटरकार ख़रीदने लगा हूँ।"

ये कह कर मैं बड़े इस्तिग़ना[6] के साथ दूसरी तरफ़ देखने लगा।

मिर्ज़ा बोले, "क्या कहा तुम ने? क्या ख़रीदने लगे हो?"

मैंने कहा, "सुना नहीं तुम ने? एक मोटरकार ख़रीदने लगा हूँ। मोटरकार एक ऐसी गाड़ी है जिसको बा'ज़ लोग मोटर कहते हैं, बा'ज़ लोग कार कहते हैं। लेकिन चूँकि तुम ज़रा कुन्द-ज़ेहन[6] हो, इसलिए मैंने दोनों लफ़्ज़ इस्तिमाल कर दिए ताकि तुम्हें समझने में कोई दिक़्क़त पेश न आए।

मिर्ज़ा बोले, "हूँ।"

अब के मिर्ज़ा नहीं मैं बे-परवाई से सिगरेट पीने लगा। भवें मैंने ऊपर को चढ़ा लीं। सिगरेट वाला हाथ मुँह तक इस अन्दाज़ से लाता

---

1 बेहद 2 घृणा 3 ध्यान के योग्य 4 हक़दार 5 मुस्कुराहट 6 अलग होना 7 भोता दिमाग़

और ले जाता था कि बड़े बड़े ऐक्टर इस पर रश्क करें।

थोड़ी देर के बाद मिर्ज़ा बोले, "हूँ।"

मैंने सोचा असर हो रहा है। मिर्ज़ा साहब पर रौ'ब पड़ रहा है। मैं चाहता था, मिर्ज़ा कुछ बोले, ताकि मुझे मा'लूम हो, कहाँ तक मरऊ'ब[1] हुआ है लेकिन मिर्ज़ा ने फिर कहा, "हूँ।"

मैंने कहा, "मिर्ज़ा जहाँ तक मुझे मा'लूम है तुमने स्कूल और कॉलेज और घर पर दो तीन ज़बानें सीखी हैं और इसके अ'लावा तुम्हें कई ऐसे अल्फ़ाज़ भी आते हैं जो किसी स्कूल या कॉलेज या शरीफ़ घराने में नहीं बोले जाते। फिर भी इस वक़्त तुम्हारा कलाम[2] हूँ से आगे नहीं बढ़ता। तुम जलते हो। मिर्ज़ा इस वक़्त तुम्हारी जो ज़ेहनी कैफ़ियत है, इसको अरबी ज़बान में हसद कहते हैं।"

मिर्ज़ा साहब कहने लगे, नहीं ये बात तो नहीं, मैं तो सिर्फ़ ख़रीदने के लफ़्ज़ पर ग़ौर कर रहा था। तुमने कहा मैं एक मोटरकार ख़रीदने लगा हूँ, तो मियाँ साहबज़ादे! ख़रीदना तो एक ऐसा फ़े'ल है कि इसके लिए रुपए वग़ैरा की ज़रूरत होती है। वग़ैरा का बन्दोबस्त[3] तो बख़ूबी हो जाएगा। लेकिन रुपए का बन्दोबस्त कैसे करोगे?

ये नुक्ता मुझे भी न सूझा था लेकिन मैंने हिम्मत न हारी। मैंने कहा, "मैं अपनी कई क़ीमती अशिया[4] बेच सकता हूँ।"

मिर्ज़ा बोले, "कौन कौन सी मसलन?"

मैंने कहा, "एक तो मैं सिगरेट केस बेच डालूँगा।"

मिर्ज़ा कहने लगे, "चलो दस आने तो ये हो गए। बाक़ी ढाई तीन हज़ार का इन्तिज़ाम भी इसी तरह हो जाए तो सब काम ठीक हो

---

1 रौ'ब में आया हुआ 2 बात 3 व्यवस्था 4 चीज़ें

जाएगा।

इसके बाद ज़रूरी यही मा'लूम हुआ कि गुफ़्तुगू का सिलसिला कुछ देर के लिए रोक दिया जाए चुनान्चे मैं मिर्ज़ा से बेज़ार[1] हो कर ख़ामोश हो रहा। ये बात समझ में न आई कि लोग रुपए कहाँ से लाते हैं। बहुत सोचा। आख़िर इस नतीजे पर पहुँचा कि लोग चोरी करते हैं। इससे एक-गोना[2] इत्मिनान हुआ।

मिर्ज़ा बोले, मैं तुम्हें एक तर्कीब बताऊँ, एक बाइसिकल ले लो।

मैंने कहा, "वह रुपए का मस्अला तो फिर भी जूँ का तूँ रहा।

कहने लगे, मुफ़्त।

मैंने हैरान होकर पूछा, मुफ़्त वो कैसे?

कहने लगे, मुफ़्त ही समझो। आख़िर दोस्त से क़ीमत लेना भी कहाँ की शराफ़त है। अलबत्ता तुम ही एहसान क़ुबूल करना गवारा न करो तो और बात है।

ऐसे मौक़े पर जो हँसी मैं हँसता हूँ उसमें मासूम बच्चे की मसर्रत, जवानी की ख़ुश-दिली, उबलते हुए फव्वारों की मौसीक़ी और बुलबुलों का नग़्मा सब एक दूसरे के साथ मिले होते हैं। चुनान्चे मैं ये हँसी हँसा और इस तरह हँसा कि खिली हुई बाछें फिर घंटो तक अपनी अस्ली जग्ह पर वापस न आईं। जब मुझे यक़ीन हो गया कि यक-लख़्त[2] कोई ख़ुशख़बरी सुनने से दिल की हरकत बन्द हो जाने का जो ख़तरा होता है इससे महफ़ूज़ हूँ तो मैंने पूछा, है किस की?

मिर्ज़ा बोले, मेरे पास एक बाइसिकल पड़ी है तुम ले लो।

मैंने कहा, फिर कहना फिर कहना!

---

1 अप्रसन्न 2 अचानक

कहने लगे, "भई! एक बाइसिकल मेरे पास है। जब मेरी है तो तुम्हारी है। तुम ले लो।"

यक़ीन मानिए मुझ पर घड़ों पानी पड़ गया। शर्म के मारे मैं पसीना पसीना हो गया। चौधवीं सदी में ऐसी बे-ग़रज़ी और ईसार भला कहाँ देखने में आता है। मैंने कुर्सी सरका कर मिर्ज़ा के पास कर ली। समझ में न आया कि अपनी निदामत और मम्नूनियत[1] का इज़्हार किन अल्फ़ाज़ में करूँ।

मैंने कहा, मिर्ज़ा सबसे पहले तो मैं इस गुस्ताख़ी[2] और दुरुश्ती[3] और बे-अदबी[4] के लिए मुआ'फ़ी माँगता हूँ जो अभी मैंने तुम्हारे साथ गुफ़्तुगू में रवा रखी। दूसरे मैं आज तुम्हारे सामने एक ए'तराफ़ करना चाहता हूँ और उम्मीद करता हूँ कि तुम मेरी साफ़गोई की दाद दोगे और मुझे अपनी रहम-दिली के सदक़े मुआ'फ़ कर दोगे। मैं हमेशा तुमको अज़-हद[5] कमीना, मुम्सिक[6], ख़ुदग़रज़[7] और अ'य्यार[8] इन्सान समझता रहा हूँ। देखो नाराज़ मत हो। इन्सान से ग़लती हो ही जाती है। लेकिन आज तुमने अपनी शराफ़त और दोस्त परवरी का सबूत दिया है और मुझ पर साबित कर दिया है कि मैं कितना क़ाबिल-ए-नफ़रत, तंग-ख़याल और हक़ीर[9] शख़्स हूँ। मुझे मुआ'फ़ कर दो।

मेरी आँखों में आँसू भर आए। क़रीब था कि मैं मिर्ज़ा के हाथ को बोसा देता और अपने आँसुओं को छुपाने के लिए उसकी गोद में सर रख देता। मिर्ज़ा साहब कहने लगे,

वाह इसमें मेरी फ़य्याज़ी[10] क्या हुई, मेरे पास एक बाइसिकल है, जैसे मैं सवार हुआ वैसे तुम सवार हुए।

मैंने कहा, मिर्ज़ा मुफ़्त में न लूँगा। ये हर्गिज़ नहीं हो सकता।

---

1 कृतज्ञता 2 ढिठाई 3 कठोरता 4 धृष्टता 5 बेहद 6 कंजूस 7 मत्लब परस्त 8 ठग 9 तुच्छ 10 दयालुता

मिर्ज़ा कहने लगे, बस मैं इसी बात से डरता था। तुम हस्सास[1] इतने हो कि किसी का एहसान लेना गवारा नहीं करते। हालाँकि ख़ुदा गवाह है, एहसान इसमें कोई नहीं।

मैंने कहा, "ख़ैर कुछ भी सही, तुम सचमुच मुझे इसकी क़ीमत बता दो।"

मिर्ज़ा बोले, "क़ीमत का ज़िक्र[2] करके तुम गोया मुझे काँटों में घसीटते हो और जिस क़ीमत पर मैंने ख़रीदी थी वह तो बहुत ज़ियादा थी और अब तो वह इतने की रही भी नहीं।"

मैं ने पूछा, "तुमने कितने की ख़रीदी थी?"

कहने लगे, "मैंने पौने दो सौ रुपए में ली थी लेकिन उस ज़माने में बाइसिकलों का रिवाज ज़रा कम था, इसलिए क़ीमतें ज़रा ज़ियादा थीं।"

मैंने कहा, "क्या बहुत पुरानी है?"

बोले, "नहीं ऐसी पुरानी भी क्या होती। मेरा लड़का उसपर कॉलेज आया जाया करता था और उसे कॉलेज छोड़े अभी दो साल भी नहीं हुए। लेकिन इतना ज़रूर है कि आज कल की बाइसिकलों से ज़रा मुख़्तलिफ़ है। आजकल तो बाइसिकलें टीन की बनती है। जिन्हें कॉलेज के सरफिरे लौंडे सस्ती समझ कर ख़रीद लेते हैं। पुरानी बइसकिलों के ढाँचे मज़बूत हुआ करते थे।"

"मगर मिर्ज़ा पौने दो सौ रुपए तो मैं हर्गिज़ नहीं दे सकता। इतने रुपए मेरे पास कहाँ से आए? मैं तो इससे आधी क़ीमत भी नहीं दे सकता।"

मिर्ज़ा कहने लगे, "तो मैं तुमसे पूरी क़ीमत थोड़ी माँगता हूँ अव्वल[3]

---

1 स्वाभिमानी 2 चर्चा 3 पहला

तो क़ीमत लेना नहीं चाहता लेकिन..."

मैंने कहा, "न मिर्ज़ा! क़ीमत तो तुम्हें लेनी पड़ेगी। अच्छा तुम यूँ करो मैं तुम्हारी जेब में कुछ रुपए डाल देता हूँ। तुम घर जाके गिन लेना। अगर तुम्हें मन्ज़ूर हुए तो कल बाइसिकल भेज देना वर्ना रुपए वापस कर देना, अब यहाँ बैठ कर मैं तुम से सौदा चुकाऊँ, ये तो कुछ दुकानदारों की सी बात मा'लूम होती है।"

मिर्ज़ा बोले, "भई जैसे तुम्हारी मर्ज़ी। मैं तो अब भी यही कहता हूँ कि क़ीमत-वीमत जाने दो। लेकिन मैं जानता हूँ कि तुम न मानोगे।"

मैं उठ कर अन्दर कमरे में आया। मैंने सोचा इस्ते'माल शुदा चीज़ की लोग आम तौर पर आधी क़ीमत देते हैं लेकिन जब मैंने मिर्ज़ा से कहा था कि मिर्ज़ा मैं तो आधी क़ीमत भी नहीं दे सकता तो मिर्ज़ा इस पर मो'तरिज़ न हुआ था। वो बे-चारा तो बल्कि यही कहता था कि तुम मुफ़्त ही ले लो, लेकिन मुफ़्त मैं कैसे ले लूँ? आख़िर बाइसिकल है, एक सवारी है। फिट्नों और घोड़ों मोटरों और ताँगों के ज़ुमरे में शुमार[1] होती है। बक्सा खोला तो मा'लूम हुआ कि हस्त-ओ-बूद[2] कुल छियालीस रुपए हैं। छियालीस रुपए तो कुछ ठीक रक़म नहीं। पैंतालीस या पच्चास हाँ जब भी बात है। पच्चास तो हो नहीं सकते और अगर पैंतीलीस ही देने हैं तो चालीस क्यों न दिए जाएँ। जिन रक़मों के आख़िर में सिफ़र आता है वो रक़में कुछ ज़ियादा मा'क़ूल मा'लूम होती हैं। बस ठीक है चालीस रुपए दे दूँगा। ख़ुदा करे मिर्ज़ा क़ुबूल कर ले।

बाहर आया चालीस रुपए मुट्ठी में बन्द करके मैंने मिर्ज़ा की जेब में डाल दिए और कहा, मिर्ज़ा इसको क़ीमत न समझना। लेकिन अगर एक मुफ़्लिस[3] दोस्त की हक़ीर[4] सी रक़म[5] मन्ज़ूर करना तुम्हें अपनी

---

1 गिनती 2 है और था 3 ग़रीब 4 छोटा 5 पैसा 6 अपमान

तौहीन[6] मा'लूम न हो तो कल बाइसिकल भिजवा देना।

मिर्ज़ा चलने लगे तो मैंने फिर कहा कि मिर्ज़ा कल ज़रूर सुब्ह ही सुब्ह भिजवा देना रुख़्सत होने से पहले मैंने फिर एक दफ़्अ' कहा, कल सुब्ह आठ नौ बजे तक पहुँच जाए। देर न कर देना.....ख़ुदा-हाफ़िज़... और देखो मिर्ज़ा, मेरे थोड़े से रूपों को भी ज़ियादा समझना....ख़ुदा-हाफ़िज़.....और तुम्हारा बहुत बहुत शुक्रिया। मैं तुम्हारा बहुत मम्नून[1] हूँ और मेरी गुस्ताख़ी[2] को मुआ'फ़ कर देना। देखो न कभी-कभी यूँ ही बे-तकल्लुफ़ी[3] में....कल सुब्ह आठ नौ बजे तक...ज़रूर....ख़ुदा-हाफ़िज़....

मिर्ज़ा कहने लगे, ज़रा उसको झाड़-पोंछ लेना और तेल वग़ैरा डलवा लेना। मेरे नौकर को फ़ुर्सत हुई तो ख़ुद ही डलवा दूंगा, वर्ना तुम ख़ुद ही डलवा लेना।

मैंने कहा, हाँ हाँ। वो सब कुछ हो जाएगा। तुम कल भेज ज़रूर देना और देखना आठ बजे तक या साढे. सात बजे तक पहुँच जाए। अच्छा.... ख़ुदा-हाफ़िज़!

रात को बिस्तर पर लेटा तो बाइसिकल पर सैर करने के मुख़्तलिफ़ प्रोग्राम तज्वीज़[4] करता रहा। ये इरादा तो पुख़्ता कर लिया कि दो तीन दिन के अन्दर अन्दर इर्द-गिर्द की तमाम मश्हूर तारीख़ी इमारात[5] और खंडरों को नये सिरे से देख डालूँगा। इसके बाद अगले गर्मी के मौसम में हो सका तो बाइसिकल पर कश्मीर वग़ैरा की सैर करूँगा। सुब्ह सुब्ह की हवा-ख़ोरी[6] के लिए हर रोज़ नहर तक जाया करूँगा। शाम को ठंडी सड़क पर जहाँ और लोग सैर को निकलेंगे मैं भी सड़क की साफ़ शफ़्फ़ाफ़ सत्ह पर हल्के हल्के ख़ामोशी के साथ हाथी दाँत की एक गेंद की मानिन्द गुज़र जाऊँगा। डूबते हुए आफ़्ताब की रौशनी बा-

---

1 शुक्रगुज़ार 2 ढिठाई 3 संकोच न होना 4 उपाय 5 घर 6 हवा खाना

इसिकल के चमकीले हिस्सों पर पड़ेगी तो बाइसिकल जग-मगा उठेगी और ऐसा मा'लूम होगा जैसे एक राजहंस ज़मीन के साथ साथ उड़ रहा है। वह मुस्कुराहट जिसका मैं ऊपर ज़िक्र कर चुका हूँ अभी तक मेरे होंटों पर खेल रही थी। बारहा दिल चाहा कि अभी भाग कर जाऊँ और इसी वक़्त मिर्ज़ा को गले लगा लूँ।

रात को ख़्वाब में दुआ'एँ माँगता रहा कि ख़ुदाया मिर्ज़ा बाइसिकल देने पर रज़ा-मन्द[1] हो जाए। सुब्ह उठा तो उठने के साथ ही नौकर ने ये ख़ुश-ख़बरी सुनाई के हुजूर वो बाइसिकल आ गई है। मैंने कहा, इतनी सवेरे?

नौकर ने कहा, वो तो रात ही को ही आ गई थी। आप सो गए थे मैंने जगाना मुनासिब न समझा और साथ ही मिर्ज़ा साहब का आदमी ये ढिबरियाँ कसने का एक औज़ार भी दे गया है।

मैं हैरान तो हुआ कि मिर्ज़ा साहब ने बाइसिकल भिजवा देने में इस क़द्र उ'ज्लत से क्यों काम लिया लेकिन इस नतीजे पर पहुँचा कि आदमी निहायत शरीफ़ और दयानतदार[2] हैं। रुपए ले लिए थे तो बाइसिकल क्यों रोक लेते।

नौकर से कहा, देखो ये औज़ार यहीं छोड़ जाओ और देखो बाइसिकल को किसी कपड़े से ख़ूब अच्छी तरह झाड़ो और ये मोड़ पर जो बाइसिकलों वाला बैठता है उससे जा कर बाइसिकल में डालने का तेल ले आओ और देखो...अबे भागा कहाँ जा रहा है। हम ज़रूरी बात तुम से कह रहे है। बाइसिकल वाले से तेल की एक कुप्पी भी ले आना और जहाँ-जहाँ तेल देने की जगह है वहाँ तेल दे देना और बाइसिकल वाले से कहना कि कोई घटिया सा तेल न दे दे जिस से तमाम पुर्ज़े ही ख़राब

---

1 ख़ुश होना 2 ईमानदार

हो जाएँ। बाइसिकल के पुर्ज़े बड़े नाज़ुक होते हैं और बाइसिकल बाहर निकाल रखो। हम अभी कपड़े पहन कर आते हैं। हम ज़रा सैर को जा रहे हैं और देखो साफ़ कर देना और बहुत ज़ोर ज़ोर से कपड़ा भी मत रगड़ना, बाइसिकल का पॉलिश घिस जाता है।

जल्दी जल्दी चाय पी। ग़ुस्ल-ख़ाने में बड़े जोश-ओ-ख़रोश के साथ चल चल चम्बेली बाग़ में गाता रहा। इसके बाद कपड़े बदले, औज़ार को जेब में डाला और कमरे से बाहर निकला।

बरामदे में आया तो बरामदे के साथ ही एक अ'जीब-ओ-ग़रीब मशीन पर नज़र पड़ी। ठीक तरह से पहचान न सका कि क्या चीज़ है? नौकर से दर्याफ़्त किया, क्यों बे ये क्या चीज़ है?

नौकर बोला, "हुज़ूर ये बाइसिकल है।"

मैंने कहा, "बाइसिकल? किस की बाइसिकल?"

कहने लगा, "मिर्ज़ा साहब ने भिजवाई है आप के लिए।"

मैंने कहा, "और जो बाइसिकल रात को उन्हों ने भेजी थी वो कहाँ गई?"

कहने लगा, "यही तो है।"

मैंने कहा, "क्या बकता है जो बाइसिकल मिर्ज़ा साहब ने कल रात को भेजी थी वो बाइसिकल यही है?"

कहने लगा, "जी हाँ।"

मैंने कहा, "अच्छा" और फिर उसे देखने लगा। "उसको साफ़ क्यों नहीं किया?"

"इसको दो तीन दफ़्अ' साफ़ किया है?"

"तो ये मैली क्यों है?"

नौकर ने इसका जवाब देना शायद मुनासिब न समझा।

"और तेल लाया?"

"हाँ हुज़ूर लाया हूँ।"

"दिया?"

"हुज़ूर वह तेल देने के छेद होते हैं वह नहीं मिलते।"

"क्या वज्ह?"

"हुज़ूर धुरों पर मैल और ज़ंग जमा है। वो सुराख़ कहीं बीच ही में दब-दबा गए हैं।"

रफ़्ता-रफ़्ता मैं उस चीज़ के क़रीब आया। जिसको मेरा नौकर बा-इसिकल बता रहा था। उसके मुख़्तलिफ़ पुर्ज़ों पर ग़ौर किया तो इतना तो साबित हो गया कि बाइसिकल है लेकिन मुजमल[1] हेयत[2] से ये साफ़ ज़ाहिर था कि हल और रहट और चर्ख़ा और इसी तरह की ईजादात[3] से पहले की बनी हुई है। पहिए को घुमा-घुमा कर वो सुराख़[4] तलाश किया जहाँ किसी ज़माने में तेल दिया जाता था। लेकिन अब उस सुराख़ में से आमद-ओ-रफ़्त[5] का सिलसिला बन्द था। चुनान्चे नौकर बोला, हुज़ूर वो तेल तो सब इधर-उधर बहा जाता है। बीच में तो जाता ही नहीं।

मैंने कहा, अच्छा ऊपर ऊपर ही डाल दो ये भी मुफ़ीद होता है।

आख़िर-कार बाइसिकल पर सवार हुआ। पहला ही पाँव चलाया, तो ऐसा मा'लूम हुआ जैसे कोई मुर्दा अपनी हड्डियाँ चटखा चटखा अपनी मर्ज़ी के ख़िलाफ़ ज़िंदा हो रहा है। घर से निकलते ही कुछ थोड़ी सी उतराई थी उसपर बाइसिकल ख़ुद-बख़ुद चलने लगी लेकिन इस रफ़्तार[6] से जैसे तारकोल ज़मीन पर बहता है और साथ ही मुख़्तलिफ़

---

1 सक्षिप्त 2 हालत 3 आविष्कार 4 छेद 5 आना जाना 6 तेज़ी

हिस्सों से तरह तरह की आवाज़ें बरामद होनी शुरू' हुईं। उन आवाज़ों के मुख़्तलिफ़ गिरोह थे। चीं, चां, चूँ की क़िस्म की आवाज़ें ज़ियादातर गद्दी के नीचे और पिछले पहिए से निकलती थीं। खट, खड़-खड़, खड़ड़, के क़बील की आवाज़ें मड-गार्डों से आती थीं। चर-चर्रख़, चर-चर्रख़ की क़िस्म के सुर ज़न्जीर और पैडल से निकलते थे। ज़न्जीर ढीली ढीली थी। मैं जब कभी पैडल पर ज़ोर डालता था ज़न्जीर में एक अंगड़ाई सी पैदा होती थी जिस से वो तन जाती थी और चड़-चड़ बोलने लगती थी और फिर ढीली हो जाती थी। पिछला पहिया घूमने के अलावा झूमता भी था या'नी एक तो आगे को चलता था और इसके अलावा दाहिने से बाएँ और बाएँ से दाहिने को भी हरकत करता था। चुनान्चे सड़क पर जो निशान पड़ जाता था उसको देख कर ऐसा मा'लूम होता था जैसे कोई मख़्मूर[1] साँप लहरा कर निकल गया है। मड-गार्ड थे तो सही लेकिन पहियों के ऐन ऊपर न थे। इनका फ़ायदा सिर्फ़ ये मा'लूम होता था कि इन्सान शुमाल[2] की सिम्त सैर करने को निकले और आफ़ताब[3] मग़रिब[4] में ग़ुरूब[5] हो रहा हो तो मड-गार्डों की बदौलत टायर धूप से बचे रहेंगे। अगले पहिए के टायर में एक बड़ा सा पैवन्द[6] लगा था जिस की वज्ह से पहिया हर चक्कर में एक दफ़्अ' लम्हा भर को ज़ोर से ऊपर उठ जाता था और मेरा सर पीछे को यूं झटके खा रहा था जैसे कोई मुतवातिर[7] ठोड़ी के नीचे मुक्के मारे जा रहा हो। पिछले और अगले पहिए को मिला कर चूं चूं फट, चूं चूं फट.....की सदा निकल रही थी। जब उतार पर बाइसिकल ज़रा तेज़ हुई तो फ़िज़ा में एक भूँचाल सा आ गया और बाइसिकल के कई और पुर्ज़े जो अब तक सो रहे थे। बेदार[8] हो कर गोया हुए। इधर उधर के लोग चौंके, माओं ने अपने बच्चों को सीने से लगा लिया, खड़ड़-खड़ड़ के बीच में पहियों की आवाज़ जुदा

1 नशे में चूर 2 उत्तर 3 सूर्य 4 पश्चिम 5 डूबना 6 चेपी 7 लगातार 8 जागना

सुनाई दे रही थी लेकिन चूँकि बाइसिकल अब पहले से तेज़ थी इसलिए चूं-चूं फट, चूं-चूं फट की आवाज़ ने अब चचों फट, चचों फट, की सूरत इख़्तियार कर ली थी। तमाम बाइसिकल किसी अदक़ अफ़्रीक़ी ज़बान की गर्दानें दोहरा रही थी।

इस क़दर तेज़ रफ़्तारी बाइसिकल की तबा'-ए-नाज़ुक पर गिराँ गुज़री। चुनान्चे इसमें यकलख़्त[1] दो तब्दीलियाँ वाक़े' हो गईं। एक तो हैंडल एक तरफ़ को मुड़ गया जिसका नतीजा ये हुआ कि मैं जा तो सामने को रहा था लेकिन मेरा तमाम जिस्म दाएँ तरफ़ को मुड़ा हुआ था। इसके अलावा बाइसिकल की गद्दी दफ़्अतन[2] छः इंच के क़रीब नीचे बैठ गई। चुनान्चे जब पैडल चलाने के लिए मैं टांगें ऊपर नीचे कर रहा था तो मेरे घुटने मेरी ठोड़ी तक पहुँच जाते थे। कमर दोहरी हो कर बाहर को निकली हुई थी और साथ ही अगले पहिए की अठखेलियों की वज्ह से सर बराबर झटके खा रहा था।

गद्दी का नीचा हो जाना अज़-हद तक्लीफ़-देह साबित हुआ। इसलिए मैं ने मुनासिब यही समझा कि इस को ठीक कर लूं। चुनान्चे मैं ने बइस्किल को ठहरा लिया और नीचे उतरा। बाइसिकल के ठहर जाने से यक-लख़्त जैसे दुनिया में एक ख़ामोशी सी छा गई। ऐसा मा'लूम हुआ जैसे मैं किसी रेल के स्टेशन से निकल कर बाहर आ गया हूँ। जेब से मैं ने औज़ार निकाला । गद्दी को ऊँचा किया। कुछ हैंडल को ठीक किया और दोबारा सवार हो गया।

दस क़दम भी चलने न पाया था कि अब के हैंडल यक-लख़्त नीचा हो गया। इतना कि गद्दी अब हैंडल से कोई फ़ुट भर ऊँची थी। मेरा तमाम जिस्म आगे को झुका हुआ था। तमाम बोझ दोनों हाथों पर था जो

---

1 अचानक 2 अचानक

हैंडल पर रखे थे और बराबर झटके खा रहे थे। आप मेरी हालत को तसव्वुर[1] करें तो आप को मा'लूम होगा कि मैं दूर से ऐसा मा'लूम हो रहा था जैसे कोई औ'रत आटा गूँध रही हो। मुझे इस मुशाबिहत[2] का एहसास बहुत तेज़ था जिस की वज्ह से मेरे माथे पर पसीना आ गया। मैं दाएँ बाएँ लोगों को कनखियों से देखता जाता था। यूँ तो हर शख़्स मील भर पहले ही से मुड़ मुड़ कर देखने लगता था लेकिन इनमें कोई भी ऐसा न था जिसके लिए मेरी मुसीबत ज़ियाफ़त-ए-तबा'[3] का बाइस न हो।

हैंडल तो नीचा हो ही गया था। थोड़ी देर के बाद गद्दी भी फिर नीची हो गई और मैं हमातन[4] ज़मीन के क़रीब पहुँच गया। एक लड़के ने कहा, देखो ये आदमी क्या कर रहा है। गोया उस बदतमीज़ के नज़्दीक मैं कोई करतब दिखा रहा था। मैंने उतर कर फिर हैंडल और गद्दी को ऊँचा किया। लेकिन थोड़ी देर के बाद इनमें से एक न एक फिर नीचा हो जाता। वो लम्हे जिन के दौरान में मेरा हाथ और मेरा जिस्म दोनों ही बुलन्दी पर वाक़े'[5] हों बहुत ही कम थे और उनमें भी मैं यही सोचता रहता था कि अब कि गद्दी पहले बैठेगी या हैंडल? चुनान्चे निडर हो कर न बैठता बल्कि जिस्म को गद्दी से क़द्रे[6] ऊपर ही रखता लेकिन इस से हैंडल पर इतना बोझ पड़ जाता कि वो नीचा हो जाता।

जब दो मील गुज़र गए और बाइसिकल की उठक बैठक ने एक मुक़र्ररा[7] बाक़ाइदगी[8] इख़्तियार कर ली, तो फ़ैसला किया कि किसी मिस्त्री से पेंच कसवा लेने चाहिए। चुनान्चे बाइसिकल को एक दुकान पर ले गया।

बाइसिकल की खड़-खड़ से दुकान में जितने लोग काम कर रहे

---

1 कल्पना 2 समानता 3 दिल बहलना 4 हर समय 5 घटित 6 कुछ हद तक 7 नियुक्त 8 तरीक़े से

थे सब के सब सर उठा कर मेरी तरफ़ देखने लगे लेकिन मैंने जी कड़ा कर के कहा:

"ज़रा इसकी मरम्मत कर दीजिए।"

एक मिस्त्री आगे बढ़ा। लोहे की एक सलाख़[1] उसके हाथ में थी जिससे उसने मुख़्तलिफ़ हिस्सों को बड़ी बे-दर्दी के साथ ठोक-बजा कर देखा। मा'लूम होता था उसने बड़ी तेज़ी के साथ सब हालात का अन्दाज़ा लगा लिया है लेकिन फिर भी मुझसे पूछने लगा, किस किस पुर्ज़े की मरम्मत कराइएगा?

मैंने कहा, बड़े गुस्ताख़[2] हो तुम देखते नहीं कि सिर्फ़ हैंडल और गद्दी को ज़रा ऊँचा करवा के क़सवाना है बस और क्या? इनको मेहरबानी करके फ़ौरन ठीक कर दो और बताओ कितने पैसे हुए? "

मिस्त्री कहने लगा, मड गार्ड भी ठीक न कर दूँ?

मैंने कहा, हाँ, वो भी ठीक कर दो।

कहने लगा, अगर आप बाक़ी चीज़ें भी ठीक करा लें तो अच्छा हो।

मैंने कहा, अच्छा कर दो।।

बोला, यूँ थोड़ी हो सकता है। दस पंद्रह दिन का काम है। आप इसे हमारे पास छोड़ जाइए।

और पैसे कितने लोगे?

कहने लगा, बस चालीस रुपए लगेंगे।

हमने कहा, बस जी जो काम तुम से कहा है कर दो और बाक़ी हमारे मामलात में दख़्ल मत दो।

थोड़ी देर में हैंडल और गद्दी फिर ऊँची कर के कस दी गई। मैं

---

1 लोहे का राड 2 धृष्ट

चलने लगा तो मिस्त्री ने कहा, "मैंने कस तो दिया है लेकिन पेच सब घिसे हुए हैं। अभी थोड़ी देर में फिर ढीले हो जाएँगे।

मैंने कहा, हैं बदतमीज़ कहीं का। तो दो आने पैसे मुफ़्त में ले लिए?

बोला, जनाब आपको बाइसिकल भी मुफ़्त में मिली होगी। ये आप के दोस्त मिर्ज़ा साहब की है ना? लल्लू ये वही बाइसिकल है जो पिछले साल मिर्ज़ा साहब यहाँ बेचने को लाए थे। पहचानी तुम ने? भई सदियाँ ही गुज़र गईं लेकिन इस बाइसिकल की ख़ता मुआ'फ़ होने में नहीं आती।

मैंने, वाह मिर्ज़ा साहब के लड़के इस पर कॉलेज आया जाया करते थे और उनको अभी कॉलेज छोड़े दो साल भी नहीं हुए।

मिस्त्री ने कहा, "हाँ वो तो ठीक है लेकिन मिर्ज़ा साहब ख़ुद जब कॉलेज में पढ़ते थे तो उनके पास भी तो यही बाइसिकल थी।

मेरी तबीअ'त ये सुन कर कुछ मुर्दा सी हो गई। मैं बाइसिकल को साथ लिए आहिस्ता आहिस्ता पैदल चल पड़ा। लेकिन पैदल चलना भी मुश्किल था। इस बाइसिकल के चलाने में ऐसे ऐसे पुठों पर ज़ोर पड़ता था जो आम बाइसिकलों के चलाने में इस्तेमाल नहीं होते। इसलिए टांगों और कंधों और कमर और बाज़ुओं में जा-बजा दर्द हो रहा था। मिर्ज़ा का ख़याल रह रह कर आता था, लेकिन मैं हर बार कोशिश कर के उसे दिल से हटा देता था। वर्ना मैं पागल हो जाता और जुनून की हालत में पहली हरकत मुझसे ये सर्ज़द[1] हुई कि मिर्ज़ा के मकान के सामने बाज़ार में एक जल्सा मुनअक़िद[2] करता जिसमें मिर्ज़ा की मक्कारी, बेईमानी और दग़ाबाज़ी पर एक तवील[3] तक़रीर[4] करता। कुल बनी-नौ-इन्सान[5] और आइन्दा[6] आने वाली नस्लों[7] की नापाक फ़ित्रत से आगाह[8] कर देता

---

1 ग़लती होना 2 आयोजित 3 लम्बा 4 भाषन 5 मानव जाति 6 आने वाला 7 ख़ान्दान 8 ख़बरदार

और उसके बाद एक चिता जला कर उसमें ज़िंदा जल कर मर जाता।

मैंने बेहतर यही समझा कि जिस तरह हो सके अब इस बाइसिकल को औने-पौने दामों में बेच कर जो वसूल हो उसी पर सब्र शुक्र करूँ। बला से दस पंद्रह रुपए का ख़सारा[1] सही। चालीस के चालीस रुपए तो ज़ाया न होंगे। रास्ते में बाइसिकलों की एक और दुकान आई वहाँ ठहर गया।

दुकानदार बढ़ कर मेरे पास आया लेकिन मेरी ज़बान को जैसे क़ुफ़्ल[2] लग गया था। उ'म्र भर किसी चीज़ के बेचने की नौबत[3] न आई थी। मुझे ये भी मा'लूम नहीं कि ऐसे मौक़े पर क्या कहते हैं। आख़िर बड़े सोच बिचार और बड़े तअम्मुल[4] के बाद मुँह से सिर्फ़ इतना निकला कि ये बाइसिकल है।

दुकान-दार ने कहा, फिर?

मैंने कहा, लोगे?

कहने लगा, क्या मत्लब?

मैंने कहा, बेचते हैं हम।

दुकानदार ने मुझे ऐसी नज़र से देखा कि मुझे ये महसूस हुआ कि मुझ पर चोरी का शुबा' कर रहा है। फिर बाइसिकल को देखा। फिर मुझे देखा। फिर बाइसिकल को देखा। ऐसा मा'लूम होता था कि फ़ैसला नहीं कर सकता। आदमी कौन सा है और बाइसिकल कौन सी है? आख़िरकार बोला,

क्या करेंगे आप इसको बेच कर?"

ऐसे सवालों का ख़ुदा जाने क्या जवाब होता है। मैंने कहा, क्या

---

1 घटा 2 ताला 3 दशा 4 शंका

तुम ये पूछना चाहते हो कि जो रुपए मुझे वसूल होंगे इनका मसरफ़ क्या होगा?

कहने लगा, वो तो ठीक है मगर कोई इसको ले कर करेगा क्या?

मैंने कहा, इस पर चढ़ेगा और क्या करेगा।

कहने लगा, अच्छा चढ़ गया, फिर?

मैंने कहा, फिर क्या? फिर चलाएगा और क्या?

दुकान-दार बोला, अच्छा? हूँ। ख़ुदा-बख़्श ज़रा यहाँ आना। ये बाइसिकल बिकने आई है।

जिन हज़रत का इस्म-ए-गिरामी[1] ख़ुदा-बख़्श था उन्होंने बाइसिकल को दूर ही से यूँ देखा जैसे बू सूंघ रहे हों।

उसके बाद दोनों ने आपस में मश्वरा किया। आख़िर में वह जिनका नाम ख़ुदा-बख़्श नहीं था, मेरे पास आए और कहने लगे, तो आप सच-मुच बेच रहे हैं?

मैंने कहा तो और क्या, महज़ आप से हम-कलाम होने का फ़ख़्र हासिल करने के लिए मैं घर से ये बहाना गढ़ कर लाया था?

कहने लगा, तो क्या लेंगे आप?

मैंने कहा, तुम ही बताओ।

कहने लगा, सच-मुच बताऊँ?

मैंने कहा, अब बताओगे भी या यूँ ही तरसाते रहोगे?

कहने लगा, तीन रुपए दूँगा इसके।

मेरा ख़ून खौल उठा और मेरे हाथ पाँव और होंट ग़ुस्से के मारे काँपने लगे। मैंने कहा :

---

1 नाम मुबारक 2 हाथ या मशीनों से किया जाने वाला काम 3 वर्ग

ओ सनअत-व-हिर्फ़त[2] से पेट पालने वाले निचले तब्क़े[3] के इन्सान! मुझे अपनी तौहीन[1] की परवाह नहीं लेकिन तूने अपनी बेहूदा-गुफ़्तारी[2] से इस बे-ज़बान चीज़ को जो सद्मा पहुँचाया है इसके लिए मैं तुझे क़यामत तक मुआ'फ़ नहीं कर सकता, ये कह कर मैं बाइसिकल पर सवार हो गया और अंधा-धुंद पाँव चलाने लगा।

मुश्किल से बीस क़दम गया हूँगा कि मुझे ऐसा मा'लूम हुआ कि जैसे ज़मीन यक-लख़्त उछल कर मुझ से आ लगी है। आसमान मेरे सर पर से हट कर मेरी टाँगों के बीच में से गुज़र गया और इधर उधर की इमारतों ने एक दूसरे के साथ अपनी-अपनी जगह बदल ली है। हवास बजा हुए तो मा'लूम हुआ कि मैं ज़मीन पर इस बे-तकल्लुफ़ी से बैठा हूँ गोया बड़ी मुद्दत से मुझे इस बात का शौक़ था जो आज पूरा हुआ। इर्द-गिर्द कुछ लोग जमा थे जिनमें अक्सर हँस रहे थे। सामने वो दुकान थी जहाँ अभी अभी मैंने अपनी नाकाम गुफ़्त-ओ-शुनीद[3] का सिलसिला मुन्क़ता' किया था। मैंने अपने गिर्द-ओ-पेश पर ग़ौर किया तो मा'लूम हुआ कि मेरी बाइसिकल का अगला पहिया बिल्कुल अलग हो कर लुढ़कता हुआ सड़क के उस पार जा पहुँचा है और बाक़ी बाइसिकल मेरे पास पड़ी है। मैं ने फ़ौरन अपने आप को सँभाला। जो पहिया अलग हो गया था उसको एक हाथ में उठाया दूसरे हाथ में बाक़ी मांदा बइ-स्किल को थामा और चल खड़ा हुआ। ये महज़ एक इज़्तिरारी[4] हर्कत थी वर्ना हाशा-ओ-कुल्ला वो बाइसिकल मुझे हर्गिज़ इतनी अज़ीज़ न थी कि मैं उसको इस हालत में साथ साथ लिए फिरता।

जब मैं ये सब कुछ उठा कर चल दिया तो मैं ने अपने आप से पूछा कि ये तुम क्या कर रहे हो ? कहाँ जा रहे हो ? तुम्हारा इरादा क्या है ? ये दो पहिए काहे को ले जा रहे हो?

---

1 अपमान 2 व्यर्थ की बकवास 3 बातचीत 4 बेचैनी

सब सवालों का जवाब यही मिला कि देखा जाएगा। फ़िलहाल तुम यहाँ से चल दो। सब लोग तुम्हें देख रहे हैं। सर ऊँचा रखो और चलते जाओ। जो हँस रहे हैं उन्हें हँसने दो। इस क़िस्म के बेहूदा लोग हर क़ौम और हर मुल्क में पाए जाते हैं। आख़िर हुआ क्या? महज़ एक हादसा। बस दाएँ बाएँ मत देखो। चलते जाओ।

लोगों के नाशाइस्ता-कलिमात[1] भी सुनाई दे रहे थे। एक आवाज़ आई, बस हज़रत ग़ुस्सा थूक डालिए! एक दूसरे साहब बोले, बेहया बाइसिकल! घर पहुँच के तुझे मज़ा चखाऊँगा। एक वालिद अपने लख़्त-ए-जिगर[2] की उंगली पकड़े जा रहे थे। मेरी तरफ़ इशारा करके कहने लगे, देखा बेटा ये सर्कस की बाइसिकल है। इसके दोनों पहिए अलग अलग होते हैं।

लेकिन मैं चलता गया। थोड़ी देर के बाद मैं आबादी से दूर निकल गया। अब मेरी रफ़्तार में एक अज़ीमत[3] पाई जाती थी। मेरा दिल जो कई घंटों से कशमकश में पेच-ओ-ताब[4] खा रहा था अब बहुत हल्का हो गया था। मैं चलता गया चलता गया हत्ता कि दरिया पर जा पहुँचा। पुल के ऊपर खड़े होकर मैंने दोनों पहियों को एक-एक करके इस बेपरवाई के साथ दरिया में फेंक दिया जैसे कोई लेटर-बॉक्स में ख़त डालता है और वापस शह्र को रवाना हो गया।

सब से पहले मिर्ज़ा के घर गया। दरवाज़ा खटखटाया। मिर्ज़ा बोले, अन्दर आ जाओ।

मैंने कहा, "आप ज़रा बाहर तशरीफ़ लाइए। मैं आप जैसे ख़ुदा रसीदा बुज़ुर्ग के घर वज़ू किए बग़ैर कैसे दाख़िल हो सकता हूँ।

बाहर तशरीफ़ लाए तो मैं ने वो औज़ार उनकी ख़िद्मत में पेश

---

1 बेहूदा बातें 2 जिगर के टुकड़ा 3 सख़्ती 4 बेचैनी

किया जो उन्होंने बाइसिकल के साथ मुफ़्त ही मुझको इ'नायत[1] फ़रमाया था और कहा:

मिर्ज़ा साहब आप ही इस औज़ार से शौक़ फ़रमाया कीजिए मैं अब इससे बेनियाज़ हो चुका हूँ।

घर पहुँच कर मैंने फिर इ'ल्म-ए-कीमिया की उस किताब का मुताლिआ[2] शुरू किया जो मैंने एफ़.ए. में पढ़ी थी।

1 दया, कृपा 2 पढ़ना

लाहौर का जुग़राफ़िया

तम्हीद

तम्हीद के तौर पर सिर्फ़. इतना अर्ज़ करना चाहता हूँ कि लाहौर को दरयाफ़्त हुए अब बहुत अरसा गुज़र चुका है इसलिए दलाइल-ओ-बराहीन[1] से इस के वजूद को साबित करने की ज़रूरत नहीं। ये कहने की अब ज़रूरत नहीं कि कुरे को दाएँ से बाएँ घुमाइए, हत्ता कि हिन्दुस्तान का मुल्क आपके सामने आकर ठहर जाए। फिर फ़ुलां तूल अलबलद और फ़ुलां अर्ज़ अलबलद के मक़ाम-ए-इन्क़ित'[2] पर लाहौर का नाम तलाश कीजिए। जहाँ ये नाम कुरे पर मर्क़ूम[3] हो, वही लाहौर का महल-ए-वक़ूअ' है। इस सारी तहक़ीक़ात[4] को मुख़्तसर मगर जामे' अल्फ़ाज़ में बुज़ुर्ग यूँ बयान करते हैं कि लाहौर, लाहौर ही है। अगर इस पते से आपको लाहौर नहीं मिल सकता तो आपकी ता'लीम नाक़िस और आपकी ज़हानत फ़ातिर[5] है

महल्ल-ए-वक़ूअ'

एक दो ग़लत-फ़हमियाँ अलबत्ता ज़रूर रफ़्अ' करना चाहता हूँ। लाहौर पंजाब में वाक़े' है। लेकिन पंजाब अब पंच आब नहीं रहा। इस पाँच दरियाओं की सरज़मीन में अब सिर्फ़. चार दरिया बहते हैं और जो निस्फ़ दरिया है, वो तो अब बहने के काबिल भी नहीं रहा। इसी को इस्तिलाह[6] में रावी ज़ईफ़[7] कहते हैं। मिलने का पता ये है कि शहर के क़रीब दो पुल बने हैं। उनके नीचे रेत में ये दरिया लेटा रहता है। बहने का शग़ल अ'र्से से बन्द है, इसलिए ये बताना भी मुश्किल है कि शहर

---

1 दलीलें और सुबूतें 2 कटना 3 लिखित 4 पूछताछ 5 काहिल 6 परिभाषा 7 कमज़ोर

दरिया के दाएँ किनारे पर वाक़े' है या बाएँ किनारे पर

लाहौर तक पहुँचने के कई रास्ते हैं। लेकिन दो उनमें से बहुत मशहूर हैं। एक पेशावर से आता है और दूसरा दिल्ली से। वस्त[1] एशिया के हमला-आवर[2] पेशावर के रस्ते और यू.पी. के हमला-आवर देहली के रस्ते वारिद[3] होते हैं। अव्वल-उज़-ज़िक्र[4] अह्ल-ए-सैफ़[5] कहलाते हैं और ग़ज़नवी या ग़ौरी तख़ल्लुस[6] करते हैं। मोअख़्ख़िर-उज़-ज़िक्र[7] अह्ल-ए-ज़बान कहलाते हैं। ये भी तख़ल्लुस करते हैं और इस में यद-ए-तूला[8] रखते हैं

हुदूद-ए-अर्बा'[9]

कहते हैं, किसी ज़माने में लाहौर का हुदूद-ए-अर्बा भी हुआ करता था, लेकिन तल्बा की सहूलत के लिए म्यूंसिपल्टी ने इस को मन्सूख़[10] कर दिया है। अब लाहौर के चारों तरफ़ भी लाहौर ही वाक़े' है और रोज़-ब-रोज़ वाक़े'-तर हो रहा है। माहिरीन का अन्दाज़ा है, कि दस बीस साल के अन्दर लाहौर एक सूबे का नाम होगा जिसका दार-उल-ख़िलाफ़ा[11] पंजाब होगा। यूँ समझिए कि लाहौर एक जिस्म है, जिसके हर हिस्से पर वरम[12] नमूदार हो रहा है लेकिन वरम मवाद-ए-फ़ासिद[13] से भरा है। गोया ये तौसीअ' एक आरिज़ा[14] है, जो उस के जिस्म को लाहक़ है

आब-ओ-हवा[15]

लाहौर की आब-ओ-हवा के मुतअ'ल्लिक़ तरह तरह की रिवायात मशहूर हैं, जो तक़रीबन सब-की-सब ग़लत हैं। हक़ीक़त ये है कि लाहौर के बाशिन्दों[16] ने हाल ही में ये ख़्वाहिश ज़ाहिर की है कि और शहरों की

---

1 मध्य 2 हमला करने वाला 3 आना 4 जिसका ज़िक्र पहले हुआ 5 तल्वार चलाने में कुशल 6 उपनाम 7 जिसकी बाद में चर्चा हुई 8 कुशलता 9 चौहद्दी 10 ख़त्म करना 11 राजधानी 12 सूजन 13 दूषित 14 लम्बाई चौड़ाई 15 हवा पानी 16 निवासी

तरह हमें भी आब-ओ-हवा दी जाए। म्यूंसिपल्टी बड़ी बहस-ओ-तम्हीस के बाद इस नतीजे पर पहुँची कि इस तरक़्क़ी के दौर में, जबकि दुनिया में कई ममालिक को होम रूल मिल रहा है और लोगों में बेदारी के आसार पैदा हो रहे हैं, अह्ल-ए-लाहौर की ये ख़्वाहिश नाजाइज़ नहीं, बल्कि हमदर्दाना ग़ौर-ओ-ख़ौज़[1] की मुस्तहक़[2] है

लेकिन बदक़िस्मती से कमेटी के पास हवा की क़िल्लत[3] थी, इसलिए लोगों को हिदायत की गई कि मफ़ाद-ए-आ'म्मा[4] के पेश-ए-नज़र अह्ल-ए-शह्र हवा का बे-जा इस्तिमाल ना करें, बल्कि जहाँ तक हो सके किफ़ायत-शिआरी[5] से काम लें। चुनान्चे अब लाहौर में आम ज़रूरियात के लिए हवा के बजाय गर्द और ख़ास ख़ास हालात में धुआँ इस्तिमाल किया जाता है। कमेटी ने जा-ब-जा धुएँ और गर्द के मुहय्या करने के लिए मर्कज़ खोल दिए हैं। जहाँ ये मुरक्कबात[6] मुफ़्त तक़्सीम किए जाते हैं। उम्मीद की जाती है कि इस से निहायत तसल्ली बख़्श नताइज बरामद होंगे

बहम-रसानी-ए-आब[7] के लिए एक स्कीम अर्से से कमेटी के ज़ेर-ए-ग़ौर है। ये स्कीम निज़ाम सिक़्क़े के वक़्त से चली आती है। लेकिन मुसीबत ये है कि निज़ाम सिक़्क़े के अपने हाथ के लिखे हुए अहम मु-सव्विदात[7] बा'ज़ तो तलफ़[8] हो चुके हैं और जो बाक़ी हैं, उनके पढ़ने में बहुत दिक़्क़त पेश आ रही है। इसलिए मुम्किन है तहक़ीक़-ओ-तदक़ीक़[9] में चन्द साल और लग जाएँ। आरिज़ी[10] तौर पर पानी का ये इन्तिज़ाम किया गया है कि फ़िलहाल बारिश के पानी को हत्त-उल-वुसा' शह्र से बाहर निकलने नहीं देते। इस में कमेटी को बहुत कामयाबी हासिल हुई है। उम्मीद की जाती है कि थोड़े ही अर्से में हर मुहल्ले का अपना एक

---

1 सोच विचार 2 हक़दार 3 कमी 4 लोकहित 5 मितव्ययिता 6 चिकित्सा 7 पानी की आपूर्ति 7 पांडुलिपियाँ 8 बर्बाद 9 जाँच-पड़ताल 10 अस्थाई

दरिया होगा, जिसमें रफ़्ता-रफ़्ता मछलियाँ पैदा होंगी और हर मछली के पेट में कमेटी की एक अँगूठी होगी जो राय दहिंदगी के मौक़े पर हर राय दहिन्दा[1] पहन कर आएगा

निज़ाम सिक्क़े के मुसव्विदात से इस क़दर ज़रूर साबित हुआ है कि पानी पहुँचाने के लिए नल ज़रूरी हैं। चुनान्चे कमेटी ने करोड़ों रुपए ख़र्च करके जा-ब-जा[2] नल लगवा दिए हैं। फ़िलहाल उनमें हाईड्रोजन और ऑक्सीजन भरी है। लेकिन माहिरीन की राय है कि एक ना एक दिन ये गैसें ज़रूर मिलकर पानी बन जाएँगी। चुनान्चे बा'ज़-बा'ज़ नलों में अब भी चन्द क़त्रे रोज़ाना टपकते हैं। अह्ल-ए-शह्र[3] को हिदायत की गई है कि अपने अपने घड़े नलों के नीचे रख छोड़ें, ताकि ऐन वक़्त पर ताख़ीर[4] की वज्ह से किसी को दिल-शिकनी[5] ना हो। शह्र के लोग इस पर बहुत ख़ुशियाँ मना रहे हैं

ज़राए-आमद-ओ-रफ़्त[6]

जो सय्याह[7] लाहौर तशरीफ़ लाने का इरादा रखते हों, उनको यहाँ के ज़राए'-आमद-ओ-रफ़्त के मुतअ'ल्लिक़ चन्द ज़रूरी बातें ज़ेह्न-नशीन कर लेनी चाहिए ताकि वो यहाँ की सय्याहत[8] से कमाहक़्क़ा असर-पज़ीर[9] हो सकें। जो सड़क बल खाती हुई लाहौर के बाज़ारों में से गुज़रती है, तारीख़ी एतबार से बहुत अहम है। ये वही सड़क है जिसे शेरशाह सूरी ने बनाया था। ये आसार-ए-क़दीमा[10] में शुमार[11] होती है और बेहद एहतिराम की नज़रों से देखी जाती है। चुनान्चे इसमें किसी क़िस्म का रद्द-ओ-बदल[12] गवारा नहीं किया जाता। वो क़दीम तारीख़ी गड्ढ़े और ख़ंदक़ें[13] जूँ की तूँ मौजूद हैं। जिन्होंने कई सल्तनतों के तख़्ते उलट दिए थे। आजकल भी कई लोगों के तख़्ते यहाँ उलटते हैं और

---

1 राय देने वाला 2 जगह-जगह 3 शह्र के लोग 4 देर 5 दिल टूटना 6 आने-जाने का स्रोत 7 घूमने वाला 8 घूमना 9 प्रभावित 10 पुराने ज़माने का सामान 11 गिनना 12 हेरा फेरी 13 गड्ढे

अ'ज़्मत-ए-रफ़्ता[1] की याद दिला कर इन्सान को इ'ब्रत सिखाते हैं

बा'ज़ लोग ज़ियादा इ'ब्रत पकड़ने के लिए इन तख़्तों के नीचे कहीं कहीं दो एक पहिए लगा लेते हैं और सामने दो हुक लगा कर उनमें एक घोड़ा टाँग देते हैं। इस्तिलाह में इस को ताँगा कहते हैं। शौक़ीन लोग इस तख़्ते पर मोमजामा मढ लेते हैं ताकि फिसलने में सहूलत हो और बहुत ज़ियादा इ'ब्रत पकड़ी जाए।

असली और ख़ालिस[2] घोड़े लाहौर में ख़ुराक के काम आते हैं। क़स्साबों[3] की दुकानों पर इन्हीं का गोश्त बिकता है और ज़ीन कस कर खाया जाता है। ताँगों में उनके बजाय बनास्पती घोड़े इस्तिमाल किए जाते हैं। बनास्पती घोड़ा शक्ल-ओ-सूरत में दुम-दार तारे से मिलता है। क्योंकि इस घोड़े की साख़्त में दुम ज़ियादा और घोड़ा कम पाया जाता है। हरकत करते वक़्त अपनी दुम को दबा लेता है और इस ज़ब्त-ए-नफ़्स से अपनी रफ़्तार[4] में एक सन्जीदा एतिदाल[5] पैदा करता है। ताकि सड़क का हर तारीख़ी गड्ढा और ताँगे का हर हिचकोला अपना नक़्श आप पर सब्त करता जाए और आपका हर एक मसाम[6] लुत्फ़-अन्दोज़ हो सके

क़ाबिल-ए-दीद[7] मक़ामात

लाहौर में क़ाबिल-ए-दीद मक़ामात मुश्किल से मिलते हैं। इस की वज्ह ये है कि लाहौर में हर इमारत की बैरूनी दीवारें दुहरी बनाई जाती हैं। पहले ईंटों और चूने से दीवार खड़ी करते हैं और फिर इस पर इश्तिहारों का पलस्तर कर दिया जाता है, जो दबाज़त[8] में रफ़्ता-रफ़्ता बढ़ता जाता है। शुरू'-शुरू' में छोटे साइज़ के मुब्हम और ग़ैर-मा'रूफ़ इश्तिहारात चिपकाए जाते हैं, मसलन 'अह्ल-ए-लाहौर को मुज़्दा' 'अच्छा और

---

1 अतीत का वैभव 2 शुद्ध 3 क़साई 4 तेजी 5 बराबर 6 रोमछिद्र 7 देखने के लायक़ 8 मोटाई 8 संबोधित

सस्ता माल'। उस के बाद इन इश्तिहारों की बारी आती है जिनके मुख़ातिब[8] अह्ल-ए-इ'ल्म और सुख़न-फ़हम लोग होते हैं, मसलन 'ग्रैजुएट दर्ज़ी हाऊस' या 'स्टूडैंटों के लिए नादिर मौक़ा' या 'कहती है हमको ख़ल्क़-ए-ख़ुदा[1] ग़ायबाना क्या'

रफ़्ता-रफ़्ता[2] घर की चार-दीवारी एक मुकम्मल डायरेक्टरी की सूरत इख़्तियार कर लेती है। दरवाज़े के ऊपर बूट पालिश का इश्तिहार है। दाईं तरफ़ ताज़ा मक्खन मिलने का पता मुन्दरज[3] है। बाईं तरफ़ हाफ़िज़ा की गोलियों का बयान है। इस खिड़की के ऊपर अन्जुमन-ए-ख़ुद्दाम-ए-मिल्लत के जल्से का प्रोग्राम चस्पाँ है। इस खिड़की पर किसी मशहूर लीडर के ख़ानगी हालात बिल-वज़ाहत[4] बयान कर दिए गए हैं। अक़बी दीवार पर सर्कस के तमाम जानवरों की फ़ेहरिस्त है और अस्तबल[5] के दरवाज़े पर मिस नग़मा जान की तस्वीर और उनकी फ़िल्म के महासिन[6] गिनवा रखे हैं। ये इश्तिहारात बड़ी सुरअत[7] से बदलते रहते हैं और हर नया मुज़्दा और हर नई दरयाफ़्त या ईजाद[8] या इन्क़िलाब-ए-अज़ीम की इब्तिला[9] चश्म-ए-ज़दन[10] में हर साकिन[11] चीज़ पर लेप दी जाती है। इसलिए इमारतों की ज़ाहिरी सूरत हर लम्हा बदलती रहती है और उनके पहचानने में ख़ुद शहर के लोगों को बहुत दिक़्क़त पेश आती है

लेकिन जब से लाहौर में दस्तूर राइज हुआ है कि बा'ज़-बा'ज़ इश्तिहारी कलिमात पुख़्ता सियाही से ख़ुद दीवार पर नक़्श कर दिए जाते हैं, ये दिक़्क़त बहुत हद तक रफ़ा हो गई है। इन दाइमी इश्तिहारों की बदौलत अब ये ख़दशा नहीं रहा कि कोई शख़्स अपना या अपने किसी दोस्त का मकान सिर्फ़ इसलिए भूल जाए कि पिछली मर्तबा वहाँ

---

1 अल्लाह के बन्दे 2 धीरे-धीरे 3 अंकित 4 विस्तार से 5 तबेला 6 अच्छाइयाँ 7 तेज़ी से 8 अविष्कार 9 आज़माइश 10 लम्हा भर 11 ठहरा हुआ

चारपाइयों का इश्तिहार लगा हुआ था और लौटते वक़्त तक वहाँ अहालियान लाहौर को ताज़ा और सस्ते जूतों का मुज़्दा सुनाया जा रहा है। चुनान्चे अब वुसूक़ से कहा जा सकता है कि जहाँ ब-हुरूफ़-ए-जली 'मुहम्मद अली दन्दान-साज़' लिखा है वो अख़बार इन्क़िलाब का दफ़्तर है। जहाँ 'बिजली पानी भाप का बड़ा हस्पताल' लिखा है, वहाँ डाक्टर इक़बाल रहते हैं। 'ख़ालिस घी की मिठाई' इम्तियाज़ अली ताज का मकान है। 'कृष्णा ब्यूटी करीम' शालामार बाग़ को, और 'खाँसी का मुजर्रिब नुस्ख़ा' जहाँगीर के मक़बरे को जाता है

सनअत-ओ-हिर्फ़त[1]

इश्तिहारों के अलावा लाहौर की सबसे बड़ी सनअत रिसाला बाज़ी और सबसे बड़ी हिर्फ़त अन्जुमन साज़ी है। हर रिसाले का हर नम्बर उ'मूमन[2] ख़ास नम्बर होता है और आम नम्बर सिर्फ़ ख़ास ख़ास मौक़ों पर शाए' किए जाते हैं। आम नम्बर में सिर्फ़ एडिटर की तस्वीर और ख़ास नम्बरों में मिस सुलोचना और मिस कन्जिन की तसावीर भी दी जाती हैं। इससे अदब को बहुत फ़रोग़ नसीब होता है और फ़न-ए-तन्क़ीद[3] तरक़्क़ी करता है

लाहौर के हर मुरब्बा इंच में एक अन्जुमन मौजूद है। प्रेसिडेंट अलबत्ता थोड़े हैं। इसलिए फ़िलहाल सिर्फ़ दो तीन अस्हाब ही ये अहम फ़र्ज़ अदा कर रहे हैं। चूँकि अन्जुमनों के अग़राज़-ओ-मकासिद[4] मुख़्तलिफ़ हैं इसलिए बसा-औक़ात[5] एक ही सद्र सुब्ह किसी मज़हबी कॉन्फ्रेंस का इफ़्तिताह करता है, सैपहर को किसी सिनेमा की अन्जुमन में मिस नग़्मा जान का तआरुफ़ कराता है और शाम को किसी क्रिकेट टीम के डिनर में शामिल होता है। इस से उनका मत्मह-ए-नज़र वसीअ रहता है।

1 उद्यम और उद्योग 2 आम तौर से 3 आलोचना 4 मक़्सद 5 प्रायः

तक़रीर आम तौर पर ऐसी होती है जो तीनों मौक़ों पर काम आसकती है। चुनान्चे सामईन को बहुत सहूलत रहती है

पैदावार

लाहौर की सबसे मशहूर पैदावार यहाँ के तल्बा हैं, जो बहुत कसरत से पाए जाते हैं, और हज़ारों की तादाद में परदेस को भेजे जाते हैं। फ़स्ल शुरू'-ए-सुरमा[1] में बोई जाती है और उमूमन अवाख़िर-ए-बहार[2] में पक कर तैयार होती है। तल्बा की कई क़िस्में हैं। जिनमें से चन्द मशहूर हैं। क़िस्म-ए-अब्ला जमाली कहलाती है। ये तल्बा आमतौर पर पहले दर्ज़ियों के हाँ तैयार होते हैं, बा'द-अज़ाँ[3] धोबी और फिर नाई के पास भेजे जाते हैं, और इस अमल के बाद किसी रेस्तोराँ में उनकी नुमाइश की जाती है। ग़ुरूब-ए-आफ़ताब[4] के बाद किसी सिनेमा या सिनेमा के गिर्द-ओ-नवाह[5] में

रुख़-ए-रौशन के आगे शम्अ' रखकर वो ये कहते हैं

उधर जाता है देखें या इधर पर्वाना आता है

शम्एँ' कई होती हैं, लेकिन सबकी तसावीर एक एल्बम में जम्अ' करके अपने पास रख छोड़ते हैं और ता'तीलात[6] में एक एक को ख़त लिखते रहते हैं। दूसरी क़िस्म जलाली तल्बा की है। उनका शिजरा जलालुद्दीन अकबर से मिलता है। इसलिए हिन्दुस्तान का तख़्त-ओ-ताज उनकी मिल्कियत[7] समझा जाता है। शाम के वक़्त चन्द मुसाहिबों[8] को साथ लिए निकलते हैं और जो दो सिख़ा के ख़ुम लुंढाते फिरते हैं। कॉलेज की ख़ुराक उन्हें रास नहीं आती इसलिए होस्टल में फ़र-ओ-कश[9] नहीं होते

1 सर्दी का आरंभ 2 बसंत का अंत 3 उसके बाद 4 सूरज का डूबना 5 चारों तरफ़ 6 छुट्टियाँ 7 संपत्ति 8 दोस्तों 9 ठहरने वाला

तीसरी क़िस्म ख़याली तल्बा की है। ये अक्सर रूप और अख़्लाक़ और आवा-गवन और जम्हूरियत पर ब-आवाज़-ए-बुलन्द[1] तबादला-ए-ख़यालात[2] करते पाए जाते हैं और आफ़रीनिश[3] और नफ़्सियात-ए-जिन्सी[4] के मुतअ'ल्लिक़ नए नए नज़रिए पेश करते रहते हैं। सेहत-ए-जिस्मानी[5] को इर्तिक़ा-ए-इन्सानी[6] के लिए ज़रूरी समझते हैं। इसलिए अल-अस-सुब्ह पाँच छः डंटर पेलते हैं और शाम को हॉस्टल की छत पर गहरी साँस लेते हैं। गाते ज़रूर हैं, लेकिन अक्सर बेसुरे होते हैं।

चौथी क़िस्म ख़ाली तल्बा की है। ये तल्बा की ख़ालिस तरीन क़िस्म है। उनका दामन किसी क़िस्म की आलाइश[7] से तर होने नहीं पाता। किताबें, इम्तिहानात, मुतालआ'[8] और इस क़िस्म के ख़रख़शे कभी उनकी ज़िन्दगी में ख़लल-अन्दाज़ नहीं होते। जिस मासूमियत को साथ लेकर कॉलेज में पहुँचे थे, उसे आख़िर तक मुलव्विस[9] होने नहीं देते और ता'लीम और निसाब और दर्स के हंगामों में इस तरह ज़िन्दगी बसर करते हैं जिस तरह बत्तीस दाँतों में ज़बान रहती है

पिछले चन्द सालों से तल्बा की एक और क़सम भी दिखाई देने लगी है, लेकिन उनको अच्छी तरह से देखने के लिए मुहद्दिब शीशे का इस्तिमाल ज़रूरी है। ये वो लोग हैं जिन्हें रेल का टिकट निस्फ़ क़ीमत पर मिलता है और अगर चाहें तो अपनी अना के साथ ज़नाने डिब्बे में भी सफ़र कर सकते हैं। उनकी वज्ह से अब यूनिवर्सिटी ने कॉलिजों पर शर्त आइद कर दी है कि आइन्दा सिर्फ़ वही लोग प्रोफ़ेसर मुक़र्रर किए जाएँ, जो दूध पिलाने वाले जानवरों में से हों।

तबई' हालात

---

1 बुलन्द आवाज़ में 2 विचारों का आदान-प्रदान 3 उत्पत्ति 4 यौन संबंधी मनोविज्ञान 5 शारीरिक स्वस्थ 6 मनुष्य का विकास 7 गंदगी 8 अध्ययन 9 सम्मिलित होना

लाहौर के लोग बहुत ख़ुश-तबा' हैं

सवालात

1. लाहौर तुम्हें क्यों पसन्द है? मुफ़स्सल लिक्खो।

2. लाहौर किसने दरयाफ़्त किया और क्यों? इसके लिए सज़ा भी तज्वीज़ करो।

3. म्यूनिसिपल कमेटी की शान में एक क़सीदा मदहिया[1] लिक्खो।

1 प्रशंसात्मक

रेख़्ता बुक्स के प्रकाशन

देवनागरी

1. क़श्क़ा खींचा दैर में बैठा	फ़रहत एहसास
2. अब मैं अक्सर मैं नहीं रहता	अनवर शुऊ'र
3. मौसम इतना सर्द नहीं था	जुल्फ़िक़ार आ'दिल
4. खिड़की तो मैंने खोल ही ली	शारिक़ कैफ़ी
5. ग़ज़ल उसने छेड़ी (खंड 1,2,3,4,5,6)	संकलन: फ़रहत एहसास
6. गुलदस्ता-ए-क़व्वाली (खंड 1,2)	संकलन: सुमन मिश्र
7. सुब्ह-बख़ैर ज़िन्दगी	अमीर इमाम
8. अकेलेपन की इन्तिहा	जमाल एहसानी
9. सभी रंग तुम्हारे निकले	सालिम सलीम
10. तिरी सदा का इन्तिज़ार	ख़लीलुर्रहमान आ'ज़मी
11. इक शाम तुम्हारे हिस्से की	काशिफ़ ग़ाइर
12. रौशनी जारी करो	मनीष शुक्ला
13. लिफ़ाफ़े में रौशनी	मोहम्मद अ'ल्वी
14. होशियारी दिल-ए-नादान बहुत करता है	इ'रफ़ान सिद्दीक़ी
15. मिट्टी की सुंदरता देखो	सर्वत हुसैन
16. रेख़्ता उर्दू लर्निंग गाइड (अंग्रेज़ी, हिन्दी)	प्रो० अब्दुर रशीद
17. आख़िरी इ'श्क़ सबसे पहले किया	नो'मान शौक़
18. शाम के बा'द कुछ नहीं	शाहीन अ'ब्बास
19. गुलशन (उर्दू, देवनागरी)	मुज़्तर ख़ैराबादी
20. मोहब्बत जब नहीं होगी	आफ़्ताब हुसैन
21. किताब गुमराह कर रही है	शहराम सरमदी
22. जिस्म का बर्तन सर्द पड़ा है	अमीर हमज़ा साक़िब
23. ग़ज़ल का शोर	ज़फ़र इक़बाल
24. क़ाफ़िला-ए-नौ-बहार	संकलन: विकास शर्मा 'राज़'

25. मौजूद की निस्बत से	महेन्द्र कुमार सानी
26. दुख नए कपड़े बदल कर	शारिक़ कैफ़ी
27. लफ़्ज महफ़ूज़ कर लिए जाएँ	आ'सिम वास्ती
28. मोहब्बत करके देखो ना...	फ़रहत एहसास
29. उदासी बाल खोले सो रही है	नासिर काज़मी
30. मुझ पर मेरा साया पड़ गया	भारत भूषण पंत
31. रेख़्ता के ज़ौक़	संकलनः फ़रहत एहसास
32. रेख़्ता के दाग़	संकलनः फ़रहत एहसास
33. इ'श्क़	मोई'द रशीदी
34. फिर मुझे नींद आ गई	रईस फ़रोग़
35. हिज्र की दूसरी दवा	फ़हमी बदायूनी
36. 100 शाइ'र 100 ग़ज़लें	संकलनः फ़रहत एहसास
37. उदास लोगों का होना बहुत ज़रूरी है	तर्कश प्रदीप
38. रेख़्ता के नज़ीर	संकलनः फ़रहत एहसास
39. लॉकडाउन के दौरान मौत का जिन्दगी-नामा	प्रज्ञा शर्मा
40. गंजे फ़रिश्ते	सआ'दत हसन मंटो
41. मौत की किताब (नॉवेल)	ख़ालिद जावेद
42. सूरजमुखी का फूल	दिलावर अ'ली आज़र
43. ख़ामुशी रास्ता निकालेगी	धीरेन्द्र सिंह फ़य्याज़
44. रेख़्ता के मोमिन	संकलनः फ़रहत एहसास
45. रेख़्ता के आतिश	संकलनः फ़रहत एहसास
46. हमसे क्या हो सका मोहब्बत में	फ़िराक़ गोरखपुरी
47. शीशा-घर में तोड़-फोड़	संकलन: डॉ. मज़हर अहमद
48. रेख़्ता के इन्शा	संकलनः फ़रहत एहसास
49. अगर मैं शे'र न कहता	अ'ब्बास ताबिश
50. नुमाइन्दा कहानियाँ मंटो	सआ'दत हसन मंटो
51. नुमाइन्दा कहानियाँ प्रेमचंद	प्रेमचंद
52. नुमाइन्दा कहानियाँ राजिंदर सिंह बेदी	राजिंदर सिंह बेदी
53. उलट-पुलट का रोज़नामचा	पतरस बुख़ारी
54. नुमाइन्दा कहानियाँ कृष्ण चंदर	कृष्ण चंदर

55. उर्दू की प्रसिद्ध कहानियाँ — संकलनः राहुल झा
56. रंगों की मनमानी — वसीम नादिर
57. एक दिया और एक फूल — इ'शरत आफ़रीन

उर्दू

1. औराक़-ए-ख़िज़ानी — अहमद मुश्ताक़
2. आख़िरी पहर की दस्तक — शमीम हनफ़ी
3. वाहिमा वजूद का — सालिम सलीम
4. गुलशन — मुज़्तर ख़ैराबादी
5. आख़िरी किनारे पर — मोई'द रशीदी

अंग्रेज़ी

1. दीवान-ए-ग़ालिब : सरीर-ए-ख़ामा — नजीब जंग
2. लव लॉन्गिंग लॉस इन उर्दू पोएट्री — संजीव सराफ़

संपर्क

रेख़्ता फ़ाउन्डेशन
बी-37, सेक्टर – 1
नोएडा, यू.पी. – 201301